班 主 任 心 育 活 动 设 计 丛 书

BANZHUREN XINYU HUODONG
SHEJI 36 LI

小学4~6年级卷

班主任心育活动设计36例

钟志农 主编

教育科学出版社
·北京·

本书编委会

主 编

钟志农

副主编

沈雪珍　孙　飒

编 委

于丽平	王燕飞	王剑秋	孔巧芝	石瑛莹
田红芳	卢笑影	吕　霞	吕　娜	吕　敏
冯　霞	冯　艳	吴　炯	吴四妹	朱　谨
朱芬芬	朱丽琴	沈平易	沈新萍	沈莉伊
李慧梅	李晓庆	李文祥	陆子瑜	金慧慧
庞丽美	欧一清	吴丽萍	罗国兰	於玉红
徐美庆	陈丽霞	陈书黛	陈蒙盛	陈颖佳
陈巧玲	陈文娟	房红军	郑丽华	钟方来
胡　蔚	胡伟敏	杨　莹	周　婕	费溢舒
费黎珍	黄伟文	张　捷	夏雪芳	钱　珺
傅余霞	郭梅花	蔡丽丽		

目 录
CONTENTS

◆ **活动模块二　　激活思维**

◆ 活动模块五　　博闻强记

推荐序

　　翻开这套《班主任心育活动设计丛书》中的一篇篇教案，读着钟志农老师精心设计的积极心理导向的心育活动主题架构，再回头来看他那篇文情并茂的自序，心里涌起许多感动。

　　我们知道，良好的心理素质是人的全面素质中的重要组成部分，心理健康教育是提高中小学生心理素质的教育，而健全的人格和正常的智力则是人们保持心理健康的基本条件。对于成长中的中小学生，尤其要注意通过能顺应学生成长"关键期"的心理训练，促进学生人格与智力两方面的积极发展，降低他们在发展过程中出现适应不良甚至是心理障碍的可能。因此，学校心理健康教育的主要任务，首先不是要解决"有没有心理疾病"的问题，而是要关注学生"发展是否正常"的问题，是要面向全体学生，通过开展系统的教育和辅导活动，促使他们的心理素质逐步得到提高。这样一个心理健康教育的总的指导思想，在这套丛书中得到了充分的体现。丛书针对小学1～3年级、小学4～6年级、初中、高中、中等职业学校不同阶段学生的年龄特点和发展需要，抓住了每个发展阶段中学生面临的主要发展任务，以班级心育活动课为载体，有计划、有重点地进行指导和训练，目标明确，思路清晰，架构完整，活动形式丰富多样，操作步骤具体翔实。相信这套系统、科学、实用的设计方案定将受到一线班主任和心理教师的热烈欢迎，对深入持久地开展中小学心理健康教育起到积极的推动作用。这是我想表达的第一个想法。

　　第二个想法，学校心理健康教育的基本导向应该是积极的。这几十年，我们国家的变化举世瞩目。而经济的发展、社会的发展，归根到底是为了人的发展。"提升国民幸福感"，已经成为国民经济"十二五"规划的核心目标之一，得到社会和各级政府的高度认可与关注。中小学心理健康教育同样要围绕这个核心目标，为提升下一代公民的幸福感服务，促使我们的孩子具有积极的自我意识，良好的社交能力，稳定的情绪心态，有效的自我控制能力，并对外界环境的刺激或压力有一定的耐受力及康复能力。近年来的心理学研究证明，通过对个体的"心理资本"进行干预与调整，将会直接影响个体主观幸福感、工作学习绩效和生活满意度。我高兴地看到，钟志农老师主编的这套《班主任心育活动设计丛书》，自始至终地贯彻了积极心理学的理念和导向，从健全人格和发展智力这两个层面上，引导学生在不同的成长阶段，努力学会不同内涵的"我能"，从认知、情感和行为三个维度，层层推进和积累学生的"心理资本"，这是应用心理学对建设和谐社会、建设幸福中国作出直接回应的一次有益的尝试。

钟志农老师曾长期在学校担任一线教师和班主任，后来又在校长、教育行政及教育科研部门任上历练数十载，其间从事心理健康教育研究与实践近二十年，既具备比较扎实的心理学理论功底，又拥有丰富的教育教学实践经验，而且至今仍深入学校心理辅导第一线耕耘不辍，是我国中小学心理健康教育领域难得的一位"复合型"专家。2007年他的著作《心理辅导活动课操作实务》出版后，即被各地教育行政部门和师范院校列为班级团体辅导师资培训教材。而此次他联合各省市中小学一线教师，精心编写推出的这套系列活动设计，更是他和几百位作者花了很多心血取得的成果。钟老师对180篇教案逐字审阅、酌定，精心修订、补正，一次次与作者沟通交流，花费了数百个日日夜夜。这位为教育事业默默奉献了四十余载的研究者和实践者这么做的目的，只是为了实现那个不断追寻的朴素的梦想：为了我们的孩子心灵健康成长，为了我们的教育回归到从"心"出发的本真！

我相信，从事学校心理健康教育的老师们，只要愿意在一个岗位或者在一门学科踏踏实实地奋斗下去，无论才华如何都可以取得一定的成就，都可以为社会作出独特的贡献，都可以得到社会充分的认可。钟志农老师的足迹可谓一个例证。

是为序。

国际心理科学联合会副主席
中国心理学会原理事长
中国科学院心理研究所原所长、教授、博导

张 侃

2011年11月24日于北京

总　序

追逐心中的梦

在我的心里，一直有一个梦。

其实，人生就是与梦相伴的。在我童年的时候，梦是带色彩的，五光十色，光怪陆离。二十几岁时，常是灰黄色的梦：灰黄色的土地，灰黄色的天空，天地间则是铺天盖地的黄尘，还有巴彦淖尔连绵不绝的沙丘……

到了五十几岁，我还是在做梦、寻梦。1993年，当时我根本不知自己人生航船的"定锚点"在何处。一个偶然的机会，我对"小荷才露尖尖角"的学校心理辅导产生了浓厚的兴趣，于是，我日间忙天忙地忙教研，晚上就开始编织自己的人生梦。经过一番"沙里淘金"，我为自己确定的第一个"定锚点"就是"初中生心理辅导目标体系的研究"，没想到，从此一发而不可收，踏上了一条漫长的寻梦之路。

后来的一切都是"做梦也没想到"：做梦也没想到，1999年，教育部颁布了《关于加强中小学心理健康教育的若干意见》，心理健康教育从此成了稳定的国家行为；做梦也没想到，有那么多的新生力量加入了心理健康教育专兼职教师的队伍；做梦也没想到，心育活动课从当初国内寥寥数人的自发探索，发展成开遍全国的心育之花；做梦也没想到，从教育部"若干意见"和"指导纲要"两个重要文件颁布后，整整十年过去了，却没能盼来一个系统的心育活动课的"课程大纲"……

于是，一线的心理老师们开始迷茫了、困惑了，大家只好凭着各自的理解，去思考何为"发展性、预防性的心理辅导"，何为"青少年成长的轨迹"。于是，心育活动课的随意性出现了，老师们只好自己熟悉什么内容就上什么内容，自己知道什么素材就使用什么素材，而学生成长中面临的一些困惑和需要却被严重地淡化或者是忽略了。于是，心育课堂里的单调、重复现象出现了：老太太的两个儿子卖草帽、雨伞，从小学卖到高中还没有卖完；处理消极情绪的办法从小学到高中都是"发泄、倾诉、睡觉、打球"，而且不管年龄大小统统开讲"A－B－C"理论；不管是否真的需要，课堂上动不动就让学生闭上眼睛"冥想"放松……于是，老师们日渐感到备课资源匮乏，上课题材千篇一律，职业倦怠情绪慢慢滋生。

于是，这件事情让我辗转反侧了。

我做梦都在想，总有一天，我们的国家，我们的政府，能够出台一套从小学到高中一以贯之的心育活动课"课程标准"，那样，老师们的心中就可以有一幅清晰的学生成长"路线图"，就一定可以在开课方向和选题上有效地避免一再的"黑暗中的摸索与徘徊"！

我做梦都在想，总有一天，我们的教育能够真正做到"以心为本"，把引导学生"学会做人、学会学习"放在第一位，而不是从早到晚"拴"住学生，让他们陷入无穷无尽的作业、考试、竞赛和补课中。那样，我们的教育就一定可以有效地提高下一代的心理素质和道德素养，我们中国人走出国门时就一定能够赢得世人由衷的尊敬，真正扬眉吐气！

我做梦都在想，总有一天，我们的家长、我们的老师、我们的领导干部，能够冲破那一团团扭曲孩子天性、扭曲教育本质、扭曲社会价值导向的障眼迷雾，让我们的家庭充满不再功利的亲情，让我们的学校回归不再功利的本真，让我们的社会不再充斥功利的迷思！

我做梦都在想，总有一天，我们的孩子，那千千万万可爱的孩子们，能够不用背负沉重的书包，能够不用终日埋头桌前林立的书山题海，能够不被父母们那用心良苦却收效甚微的唠叨声所淹没。到了那时，他们将更加自由地畅游书海，更加给力地龙腾虎跃，更加勇敢地塑造真我。到那时，他们一定会拥有真正欢乐的童年，一定会拥有真正灿烂的青春，一定会拥有阳光万里的前程！

怀着这样的梦想，去年10月，在北京的一次会议上，我向与会的领导率直进言："一线的老师们盼望心育活动课的大纲早日出台，我们等了一个'十五'，又等了一个'十一五'。现在，十年时间已经过去了，而老师们的教育生涯中能有几个十年？”

在激情的涌动中，我突然萌发了一个大胆的想法：在官方的权威方案颁布之前，为什么不可以先从民间做起？

事实上，我从去年4月份开始，就在酝酿一个发展性心育活动课的"六六工程"，并且已经在两所中学、两所小学里加以实践与探索。所谓"六六工程"，就是指每个学期开出6节心育活动课，每个学段6个学期，共开出36节课，形成一个有系列、有规划的发展性、预防性心育课程体系。这些心育主题完全针对学生的发展需要，从小学到高中，共设计144个专题，再加上中等职业学校的"六六工程"，总共有180个系列性的开课主题，而且力求避免重复。

回头想来，这真是一个宏大的"工程"！在这个过程中，如何建立一个符合本土国情的发展性心育活动课主题架构，是最为劳神费时的，可以说让我到了"殚思竭虑""如痴如醉"的地步。尤其是这180个主题中，有100个以上的主题都是新的切入口、新的视角、新的立意，是以往十多年间心育活动课中没有被认真关注或者只是粗线条关注的主题。单单是这一点，就表明我们是在开辟一条充满荆棘的"心"路。

参与这套丛书教案设计的290多位老师，90%以上是一线的班主任。尽管他们对于心育活动课经验不足，但他们对学生现状的了解，他们对探索"以心为本"教育路径的热情，与这套丛书的读者群——中小学班主任却肯定是息息相关、脉脉相通的。

说到"心育活动课"，就是"心理健康教育活动课"的简称。"心育"的概念是班华教授和燕国材教授在20世纪90年代中期最早提出来的。如燕国材就说："心育即心理教育的简称。亦可称为心理素质教育，甚至可称为心理健康教育。"① 所以，书名和正文内数百处相同概念我均表述为"心育活动课"，以求简洁。

为了帮助班主任尽快地把握心育活动课的设计规律，我们以团体辅导活动的四个阶段（团体热身阶段—团体转换阶段—团体工作阶段—团体结

---

① 燕国材. 教育十论——我对教育问题的一些基本看法［M］. 北京：中国建材工业出版社，1998：360.

束阶段）作为基本体例，这样等于给初涉心育活动课的班主任递上了一根"拐杖"。关于这四个阶段的操作性含义，请读者参阅丛书的理论分册《探寻学生心灵成长"路线图"——中小学心育活动课程开发指南》，这里就不再赘述了。但是要强调的是，这四个阶段的体例设计是帮助初学者"入门"的，不可将其理解为一种僵死的"套路"。换句话说，"入格"是为了"合格"，"合格"是为了"出格"。

在每一个活动专题的开头，我们都提供了"活动参考目标"，这些目标的操作性定义请见丛书的理论分册；中间是"活动参考课例"，以备班主任借鉴之需；最后是"活动参考资料"，目的是拓宽班主任在这一专题上的理论视野或提供某些活动素材。

这个世界上有很多的事情，我们总以为可以慢慢来，今天做不了，可以等到明天去做。反正明天的太阳还会升起，反正事情既然这样一天一天拖过来，也就可以这样一天一天拖下去。但是也许有些人会突然发现，有那么一天，在你一松手、一转身的时候，事情突然会完全改变了。

所以，追逐我们心中的梦想，恐怕"一万年太久，只争朝夕"！

只是我不知道，梦境与现实，到底哪一样能够令人更为满意？但不管是"痴人说梦"也好，"梦想成真"也好，我是一个"追梦人"。用当下时髦的话说，我算得上是一个追梦追到"骨灰级"的心理健康教育的"发烧友"。

可我相信，怀抱梦想、追逐梦想而百折不回的同道，一定有千千万万！那就让我们互相呼唤着，鼓励着，从脚下的土地上开始，朝着我们的梦想，一起奔跑吧！

钟志农

2011 年 11 月 15 日于钱塘江畔

小学 4~6 年级心育活动课主题设计架构

——引导小学 4~6 年级学生学会 36 个 "我能"

心育总目标	埃里克森人格发展关键期	活动模块及阶段目标	活动专题	积极心理品质发展重点	适用年级
1. 提高全体学生的心理素质 2. 充分开发他们的潜能 3. 培养学生乐观、向上的心理品质	培养勤奋进取精神的关键时期 发展顺利则个体具有求学、做事、待人的基本能力	活动模块一 广交好友 阶段目标：进一步提高小学 4~6 年级学生的人际交往水平和人际交往技巧	我能 "有个好人缘"	合群	小学三、四年级，以四年级上学期为主
			我能 "不乱起外号"	尊重	
			我能 "巧拒抄作业"	守界	
			我能 "消除小误会"	谅解	
			我能 "做个好同桌"	友善	
			我能 "交往不起哄"	同理	
		活动模块二 激活思维 阶段目标：训练和发展小学 4~6 年级学生的思维能力，提高他们的思维品质	我能 "想得快又快"	思维敏捷性	小学三、四年级，以四年级下学期为主
			我能 "脑筋急转弯"	思维灵活性	
			我能 "沙里淘真金"	思维聚合性	
			我能 "想法很奇特"	思维求异性	
			我能 "思路比天宽"	思维发散性	
			我能 "从小爱幻想"	思维超越性	
		活动模块三 诚实守信 阶段目标：促进小学 4~6 年级学生个性心理品质的健康发展	我能 "心中有他人"	利他	小学四、五年级，以五年级上学期为主
			我能 "信守我诺言"	诚信	
			我能 "巧对婆婆嘴"	移情	
			我能 "珍惜讲真话"	诚实	
			我能 "认错担责任"	勇气	
			我能 "上网有时限"	自律	
		活动模块四 乐观向上 阶段目标：继续促进小学 4~6 年级学生个性心理品质的健康发展	我能 "我心信我行"	自信	小学四、五年级，以五年级下学期为主
			我能 "快乐常相伴"	乐观	
			我能 "心地更宽容"	宽容	
			我能 "不做小火山"	自控	
			我能 "培养好性格"	积极	
			我能 "勤奋求进取"	有志	

心育总目标	埃里克森人格发展关键期	活动模块及阶段目标	活动专题	积极心理品质发展重点	适用年级
4. 促进学生人格的健全发展		活动模块五 博闻强记 阶段目标：利用记忆力发展关键期，促进小学4～6年级学生记忆力快速发展	我能"记忆抓及时"	懂规律	小学五、六年级，以六年级上学期为主
			我能"记得快准久"	高品质	
			我能"理解促记忆"	上层次	
			我能"右脑帮记忆"	用全脑	
			我能"归类助记忆"	会加工	
			我能"速读增记忆"	讲效率	
		活动模块六 告别童年 阶段目标：促进小学4～6年级学生自我意识的健康发展，引导他们顺利完成小学学业	我能"静心抓中心"	专注	小学五、六年级，以六年级下学期为主
			我能"扬长又容短"	自知	
			我能"与挫折同行"	坚毅	
			我能"惜时如惜金"	惜阴	
			我能"复习讲策略"	善学	
			我能"考前更轻松"	平心	

说明：一般说来，每个学期大致安排8节心育活动课，其中，6节可在上述主题总体设计架构内选择，2节为校本心育活动课，由班主任或心理教师根据本地、本校实际情况（例如城乡区别、地域区别、学校类型区别、生源区别，等等）设计主题。

广交好友

阶段目标：

进一步提高小学 4~6 年级学生的人际交往水平和人际交往技巧。

适用年级：

小学三、四年级，以四年级上学期为主。

活动专题 1 | 我能"有个好人缘"（合群）

【活动参考目标】

1. 了解与理解

（1）认识到要赢得好人缘首先要善良、真诚、有礼貌。

（2）初步懂得拥有好人缘还要掌握一定的交友技巧，如，乐于助人，善于倾听，宽容待人等。

2. 尝试与学会

（1）学会在校园人际交往中，尊重同学，实事求是，诚实守信。

（2）尝试关心他人，对有特殊需要的同学主动给予关注并表示友好。

（3）尝试去改正自己的不足之处，使自己更受大家欢迎。

3. 体验与感悟

（1）在活动中体验要拥有好人缘就要有所付出。

（2）感悟要拥有好朋友需要用心留意自己的表达方式和处事方式。

【活动参考课例】

做一个受欢迎的人
——我能"有个好人缘"

活动理念

能否拥有好人缘主要与个体的人际交往态度、交往习惯、交往能力及个性品质有关。小学四年级学生已开始意识到"自我"，分析问题时开始确立"自我"的位置，开始认识自己的行为与他人行为的关系。此时对孩子进行人际关系方面的心理辅导，正是好时机。本次活动的目的在于使学生了解"受欢迎的人"该具有哪些令人欣赏的特征，从而让学生有意识地改善自己的人际环境，增强自己的人际交往能力。

排练小品；制作课件；学生每人做一朵小红花；小鼓一面；6 张分别写有数字 1～6 的编号卡；3 张写有"最受同学欢迎的人"的精致纪念卡，另备 3 张写有"受同学欢迎的人"的精致纪念卡；座位排成 U 字形。

活 动 过 程

一、 团体热身阶段： 自我比拟

1. 游戏规则

每个学生用一样东西（动物、植物、矿物或自然现象）比拟自己。要求：

（1）用"我好像＿＿＿＿＿＿，因为＿＿＿＿＿＿"这样的句式。

（2）比拟的事物能代表自己个性中的某一方面或几方面。例如：牛——健壮、吃苦耐劳；小草——平凡、自由自在；响雷——声音洪亮、脾气暴躁……

（3）比拟应该是积极的，防止消极的、庸俗的或不恰当的比拟。

（4）每一位同学都要接受小组同学的评价。

2. 分小组进行自我比拟

在小组内逐个做自我比拟，学生们则做出评价，看看这个比拟是否符合他本人的情况。教师观察有无调侃或人身攻击现象，并由此观察某些学生在人际交往中存在的问题，或作适当引导。

二、 团体转换阶段： 《不受人欢迎的丁丁》

1. 教师导入

同学们，昨天老师在"悄悄话"信箱中收到一封信。信中的主人公遇到一件麻烦事，他在与同学交往时，出现了一些问题，他不知道是什么原因造成的。我们来帮助他分析一下，好吗？为了能让大家清楚地了解这件事，老师把它排成了小品《不受人欢迎的丁丁》。

2. 观看小品

丁丁做完作业去找人玩。看到小 A 和小 B 在拍皮球，丁丁说："两个小不点儿，我和你们一起玩吧！"小 A 和小 B 气呼呼地转过身不理他。丁丁继续往前走，看见爱下棋的小 C 和小 D 正在找一枚棋子，小 C 请丁丁帮忙，丁丁头一仰："我才不帮呢！"这时小 D 找到了棋子，两人就继续下棋。丁丁在边上看了一会儿，忍不住说："让我也来下一盘！"小 C、小 D 摇着头说："我们不要和你玩！"丁丁走回教室，小 E、小 F 在玩游戏棒，丁丁一把抢过游戏棒，叫："让我和你们一起玩吧！"小 E、小 F 异口同声地说："我们不欢迎你！"丁丁只好没精打采地回到座位上，自言自语："唉，怎么没有人和我玩呢？"

3. 教师提问

为什么丁丁想找朋友玩，别人却都不欢迎他？能不能说说具体原因。

4. 教师点评

同学们指出了丁丁不受欢迎的一些具体原因，比如，不愿意帮助人、没有礼貌、只考虑自己而不顾别人，等等。看他愁眉苦脸的样子，就知道他心里一定很烦恼。那么让我们来帮他成为一个受欢迎的人，好吗？

三、 团体工作阶段： 你说我说 "受欢迎"

1. 我心中最受欢迎的人

（1）小组讨论：我心中最受欢迎的人是谁？他们为什么受欢迎？

（2）全班分享，教师适当引导：

生 1：我认为受欢迎的人应该幽默，慷慨大方，肯帮助别人，不骄傲。

生 2：我觉得开朗活泼、不是当面说一套背后说一套的人最受欢迎。

师：你认为受欢迎的人一定要真诚，不能当面一套背后一套，是吧？

生 3：我认为大方一点的人肯定受欢迎。

生 4：我认为能够和我说心里话的同学就是受欢迎的。

生 5：我认为一个同学如果成绩很好，但又不骄傲，他就会受欢迎。

师：谦虚的人，你比较喜欢，是吧？

生 6：我喜欢那些慷慨大方，和我有共同语言的同学。

师：朋友之间有共同语言，相处的时间才会更长一点。

生7：我认为开朗、大方、外向一点的人比较受欢迎，我会和他交朋友。

……

（3）教师点评：谢谢大家提出了这么多好的想法，你们让我明白了什么样的人最受欢迎。（多媒体出示列举"最受欢迎的人"的品质表现）

真诚，善良，谦虚；

有礼貌，尊重人，能平等对待别人；

关心同学，乐于助人；

大方，不斤斤计较；

经常和同学说说心里话；

敢于承认错误，知错就改。

2. 评选"最受同学欢迎的人"

（1）教师引导：其实，在我们身边就有许多受欢迎的人。现在老师就请大家按照刚才大家提出的标准，在我们班中评选出三位最受欢迎的人。先请每个小组选出一位候选人。

（2）将几位候选人的名字编号，然后将代表他们名字的编号卡分别放在讲台前的一排桌子上，编号卡之间要留出一定的空间。然后教师宣布这几位同学是"受同学欢迎的人"。

（3）在音乐声中，请学生把手中的小花送到自己认同的编号卡前面。教师可请两位同学做观察员监督"投花"过程。

（4）排出三位得花最多的候选人，在音乐和掌声中授予他们"最受同学欢迎的人"纪念卡。

（5）"最受同学欢迎的人"以及"受同学欢迎的人"发表"当选感言"。

3. 也说自己"受欢迎"

（1）分小组讨论。

你是否受人欢迎？什么时候你曾做了什么事受人欢迎？

（2）全班分享。

（3）在小组内为自己评分：

如果"最受欢迎的人"是10分，"最不受同学欢迎"的人是1分，你认为自己大概得几分？

如果你想把自己受欢迎的程度提高 1 分，你准备怎么做？

（4）"悄悄话"行动。

老师有个建议，让我们来一次"悄悄话"行动。去对曾帮助过你的人轻轻说声"谢谢"，去和你曾对他做过不受欢迎的事的同学拉拉手，悄悄说声"对不起"，好吗？（多媒体出示背景画面并播放轻音乐）

四、团体结束阶段：丁丁也受同学欢迎了

1. 改编小品

（1）教师引导：丁丁已经知道该怎么做了，让我们再给丁丁一次机会。

（2）学生分小组编排小品。

（3）师生共同观看小品：《受人欢迎的丁丁》。

2. 教师小结

丁丁在大家的帮助下，已开始成为受同学欢迎的人了。借此机会，老师还有几句话要送给丁丁和全体同学。

（出示投影——）

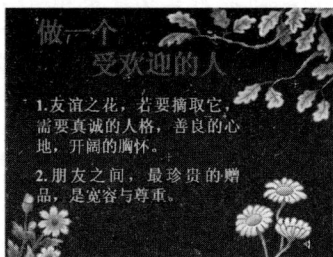

愿我们每位同学都能成为最受欢迎的人，愿每位同学都能有一个好人缘。

活动反思

现在的学生独生子女居多，常常以自我为中心，受不得半点委屈，不知如何与人相处。有个别学生往往在平时的学习生活中做出一些令人难以忍受的行为，使自己渐渐失去同学、朋友的信任。这节心育活动课，主要是让学生认识到自己受欢迎或不受欢迎的原因，体验受别人欢迎的快乐，从而学会调整自己的行为，在班上、在生活中建立良好的人际关系。

根据四年级学生的个性特点，本活动以游戏来热身并导入主题，活动

过程主要采用小品、讨论的形式，通过各项活动，让学生知晓人际交往的道理，增长人际交往的智慧，体验人际交往的乐趣。由于话题来自学生的生活，对小品中丁丁言行表现的讨论引起了学生的共鸣。"悄悄话"行动，试图引领学生用实际行动赢得好人缘，努力成为受欢迎的人。最后改编小品，让学生参与到小品人物的情境中，感受到"受人欢迎"的快乐。在整个活动中，老师主要是一个倾听者，要尽力为他们营造坦诚、和谐的课堂气氛，从而引导他们说出内心真实的感受，体会到活动的快乐和交往的乐趣。

（浙江省湖州市文苑小学　沈新萍）

【活动参考资料】

被同伴拒绝会导致严重的挫折感和攻击行为

许多有关儿童同伴关系的研究都指出，如果儿童连一个朋友也没有，那么对这一类被拒绝的社会性孤立者来说，他们后期的社会适应性会有很严重的问题，甚至容易造成犯罪问题。对于一些被孤立、被拒绝的孩子们来讲，他们因为在一开始就不能和人缘好的同伴进行成功的互动，因此产生严重的挫折感而放弃继续互动的机会，退缩到团体的边缘，乃至于被排挤到与其他也一样不受欢迎的同伴在一起的次级团体；而孩子们因为遭受这种待遇产生更严重的挫折感，也让他们更加无法与人缘好的同伴进行成功的互动，由此产生了一种恶性循环。

虽然人缘没那么好或是被拒绝的孩子，通常也和人缘佳的孩子有一样多的社会互动意愿，但是他们的社会性行为多半较缺乏控制，也比较不适当。一般来说，处于被忽略状态（neglected status）以及被拒绝状态（rejected status）的孩子可能是较以自我为中心的、异议很多的，甚至是刚愎自用的；他们可能会破坏正在进行中的游戏的规则，甚至试图硬要换上自己想玩的其他游戏。虽然对这两类孩子来说，这些行为可能只是他们想进入团体的方式，但是对其他孩子来说却无法认同。最后就导致他们很快被拒绝或被忽视，即使侥幸进入该团体，他们和同伴之间的摩擦与不和也是不可避免的。对于被拒绝型的孩子来说，他们甚至会公然动手攻击同伴；但是人缘好的孩子则会尽量克制任何攻击行为。不幸的是，许多没有人缘的孩子似乎并没有其他的策略来处理人际关系的问题；他们不能理解到底是什么原因让他们被同伴拒绝，所以也没办法产生其他适当的策略重新与同伴展开接触。总而言之，孩子们在小学阶段所展现的同伴关系行为的适应性程度，可以说是学龄前期行为模式的延续。而决定孩子们友谊关系的重要因素，依旧是其与同伴接触的行为模式，以及攻击行为的有无。

（Erwin：《成长的秘密——儿童到青少年期的友谊发展》）

活动专题2 | 我能"不乱起外号"（尊重）

【活动参考目标】

1. 了解与理解

（1）了解外号有褒义和贬义之分，不能一概而论。

（2）懂得针对别人的缺点或不足取外号，是不尊重别人的行为，会伤害同学的自尊心。

2. 尝试与学会

（1）学会欣赏同学的优点，尊重同学，避免不雅的外号，增进同学之间的友谊。

（2）尝试积极应对别人给自己起的外号，以适当的方式维护自己的尊严。

3. 体验与感悟

通过活动，了解贬义的外号会伤害同学并给同学带来烦恼。

我的名字不是"肥猪"

——我能"不乱起外号"

活动理念

外号（绰号），指除人的本名以外，别人根据他的某些特征另起的别名。起外号是学生生活中普遍存在的问题，在对班级调查中发现，大约有95%的同学被别人起过外号。当然外号有褒贬之分，学生们对外号的态度也是"有人欢喜有人忧"。本次活动以解决学生人际关系中的实际问题、改善个体成长的人际环境为最终目的，通过创设轻松、和谐、真诚的心理氛围，组织符合学生年龄特征的活动，引导学生积极主动地参与团体互动，在活动中积极体验、畅所欲言，从而正确认识起外号这一常见的校园生活现象，并努力解除贬义外号带来的烦恼。

活动准备

课件（录音、相声）；六人一小组围坐；便于学生走动交流的场地；印制"尊重卡"，人手一份。

活动过程

一、团体热身阶段："万物有其名"

1. 游戏："万物有其名"

（1）各小组学生起立，围成一圈。

（2）教师喊植物或动物的名称，当喊到植物名称时，学生们要将双手上举；喊到动物名称时，则两手前平举。例如：芹菜（上举），兔子（前平举），狐狸（前平举），菊花（上举）……

（3）教师喊的节奏逐渐加快，做错动作的人就要原地蹲下，经过几个回合后站立人数较多的小组获胜。

2. 名字的含义

"万物有其名"的游戏大家玩得很开心。植物有植物的名称，动物有动物的名称，人也有人自己的名字。大家都知道老师的姓名（出示教师的名字），谁能猜猜我为什么要取这样的名字？（学生自由发言）

（1）教师引导：能把你的名字的含义介绍给大家吗？

（学生自由发言）

（2）教师点评：我们每个人都有一个有意义的名字。当我们呱呱坠地，甚至还在妈妈肚子里的时候，父母就在翻阅字典，查看书籍，要为我们取一个最美好最动听的名字。看来每个名字都寄托着爸爸妈妈对我们的无限的希望。

二、 团体转换阶段： "外号大搜索"

1. "人物猜猜猜"

在生活中，有些人不止一个名字。人们根据他们的特长、特点，或者优点，给他们取了很好听的别名。如，刘翔，因为他跑得快，人们都叫他"飞人"；比如，何可欣，因为到目前为止，只有她能在高低杠比赛中完成"前空翻转体180度抓杠直接接前空翻"这一高难度动作，因此被誉为"高低杠公主"。"飞人"、"高低杠公主"表达了人们对刘翔、对何可欣的赞美和尊敬。

下面我们来做一个游戏"人物猜猜猜"，游戏采用抢答的形式。老师说出一些雅号，请大家猜猜分别指谁，并要说出你的理由。

（老师报出"巨人、体操王子、及时雨"等雅号后，学生抢答）

这样的外号，是根据人的特点、优点、特长取的，让我们一听就能知道是一个怎样的人。下面我们就来根据外号猜猜人物的特征，有信心吗？

（教师出示"小诸葛"、"书法家"、"幽默大王"等雅号，学生抢答）

这些外号，跟爸爸妈妈给我们取的名字一样，寄托着人们对自己心目中偶像的一种尊敬和赞美。不过，有些名字，却会给人带来烦恼。下面就让我们来欣赏一段相声，让我们用热烈的掌声请出我们的相声演员。

2. 欣赏相声

（1）播放相声：《杜子藤——肚子疼》。

教师提问：听了相声，你有什么感受？

（2）教师点评：这段相声的确给我们带来了欢乐，但在学校里，同学们一见到杜子藤同学就捂着肚子喊"肚子疼"，会让他整天闷闷不乐的。

3. 我对外号的感受

（1）教师引导：来上课之前，我在咱们年级里进行了一次"外号大搜索"（出示课件，右图）。

外号大搜索
排骨 肥猪 骆驼 黄鼠狼
长颈鹿 菜市场 牛清汤 西瓜藤
邪狸精 金奶奶 高跟鞋 方程式
母夜叉 猪头 赵家的孩子

我们身边有许多同学因为外号而整天不开心。别人给你取过什么外号？听到别人叫你这样的外号，你心情怎样？你是怎么想的？请你写下来。

（2）音乐声轻轻响起，学生写感受。

（3）根据自己对外号的态度，分三组调整位置。

☹ 反感组

😐 中立组

☺ 快乐组

（4）小组讨论：各组员在组内说说自己的想法。

（5）教师采访"快乐组"：令你开心的外号是什么？能大声说出来吗？

请同学们看看这些外号都有什么特点？（善意的、好听的）很多好听的、善意的外号令人开心，但是在我们周围也有许多令人伤心的外号。

（6）教师采访"反感组"：谁愿意把自己的感受告诉大家呢？

生1：大家叫我×××，我心里很难受，很伤心。

生2：我有一个外号叫×××，当别人在门外叫我外号时，我躲在家里不肯出来，总想不通同学们为什么要叫我这样的外号。

生3：当别人叫我外号时，我心里很气愤，恨不得一拳打过去。

（教师发现一位同学在本子上很不规则地写下了11个"愤"字，一个"非常愤"的词组，旁边是他的外号"笨蛋"。于是，教师拍拍他的肩膀，问他愿不愿告诉大家，孩子点点头，课堂的气氛显得有些凝重）

（7）教师点评：看来，有许多外号你们都不喜欢，有许多同学因为这些外号而烦恼。

三、 团体工作阶段：真情面对面

1. 开启"知心姐姐"信箱

（1）前几天老师在我们学校"知心姐姐"信箱中收到了一位同学的来信，想看看这封信吗？（课件展示并说明：写信的当事人姓名和有关情节教师都做了改动和整合）

知心姐姐：

我叫晓敏，今年13岁，平时我不爱说话，今天我却要和你说说我的烦恼。每当我想起这件事，就感到痛苦不堪，甚至有些怕到学校。由于我长得很胖，同学们就给我取了个很难听的外号，叫"肥猪"。有一次，在美术课上，老师在画板上画了一头猪，全班同学哄堂大笑，边笑边偷偷地看我，我的脸顿时通红，觉得难过极了。下课后，同学们就看着我，指着画板大叫："大肥猪！大肥猪！"我又生气又伤心，哭着冲出教室。我每次听到同学叫我这个外号，总躲在无人的角落偷偷哭泣："天啊！为什么要给我取这个令我痛苦的外号啊！"我恨那给我取外号和叫我外号的人，肥胖又不是我的错，你们为什么要叫我肥猪啊？

（2）教师提问：谁能说说听了这封信你有什么感受？

（3）教师引导：是啊，不雅的外号伤害了晓敏，外号给晓敏带来了挥之不去的烦恼！此时此刻，你们心里有何想法？

生4：我以后再也不给同学起不雅的外号了，因为这给同学带来了烦恼！

生5：贬义的外号会伤害同学，我以后不叫同学不好听的外号了。

生6：我很想对有的同学说声对不起！

2. 引导"换位思考"

（1）教师说明什么是"换位思考"。

刚才几位同学的发言，其实都运用了一个很重要的人际交往技巧——站在对方的立场上想想他人的感受，这就是"换位思考"。

（2）小组讨论：你如何运用"换位思考"？

学生发言后，教师归纳得出"换位思考"的方法：

3. 晓敏该如何面对不雅外号?

（1）教师提问：晓敏同学该怎么面对这么不雅的外号呢?

（2）"反感组"、"中立组"、"快乐组"分别讨论，然后全班分享：

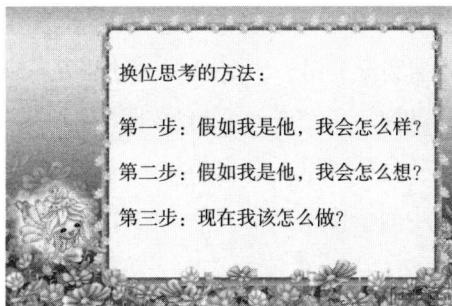

换位思考的方法：

第一步：假如我是他，我会怎么样?

第二步：假如我是他，我会怎么想?

第三步：现在我该怎么做?

生7：我想对晓敏说，其实没什么了不起的，不要放在心上。

生8：我想对晓敏说，你可以参加体育锻炼，每天坚持运动1小时，也许一年过后你就会变瘦了。

生9：我想对晓敏说，你要注意合理饮食，一些油炸食品、碳酸饮料、膨化食品等要少吃，当然还要多运动。

生10：我想对晓敏说，要勇敢地面对现实，不要自己跟自己过不去。平时还是要主动大方地与同学交往，在交往中你就会忘记烦恼!

生11：我想对晓敏说，你是我的知音，我也长得很胖，有时同学也叫我肥猪。但我想，我也有好的一面，如，运动会上我抛铅球得了第一名，为班级争了光，想想这些就不烦恼了!

（3）教师点评：是的，自信点! 胖有胖的好处啊，比如，学校里拔河、垒球等比赛项目，胖一些的同学就能大显身手。但是，毕竟不雅的外号是令人气愤的，必要的时候，晓敏应该提出自己的看法，维护自己的尊严。

4. 真情面对面

（1）现在，如果你意识到自己曾经伤害了同学，赶快趁此机会，走到他面前，真诚地说声"对不起"，好吗?

（2）学生在教室里自由走动，交流感受和想法。

四、 团体结束阶段：张口时请记得 "尊重"

1. "尊重卡"留言

经过了这些活动，你有什么话想说，在"尊重卡"上写一句你最想说的话，可以写给自己，也可以写给别人。

2. 教师小结

说起外号，真是"几家欢乐几家忧愁"。如果说童年是一首歌，那这些外号就像一个个音符，可能带给你快乐，也可能带给你烦恼。但请记住：贬义的外号常常给人带来极大的伤害，破坏同学之间的正常关系。衷心地希望我们中间不要出现伤害他人的外号，一句话：张口时请记得"尊重"。

活动反思

起外号是学生中很普遍的现象，班级里有许多孩子为此而烦恼，因此，这样的课堂可以给孩子们提供一个倾诉的空间。孩子们说："我喜欢这样的心育活动课，因为我可以敞开心扉"、"我喜欢这堂课，因为在课堂上老师成了我们的朋友"、"我在课堂上找到了知音"、"我解决了心中的烦恼"……

成功的教育依赖于一种真诚的尊重和互相信任的师生关系。课堂上，我们尽量通过适合孩子年龄特点的活动，热情真诚的肢体语言，亲切而有感染力的教学语言来营造这种氛围。如"人物猜猜猜"、相声、"外号大搜索"等活动可以让孩子们放松心情；活动过程中的一次次握手、一个个微笑可以让孩子获得信任；案例中主人公的一句句发自肺腑的倾诉可以让孩子们深思。在和谐轻松的氛围中，孩子们能不对你说出心里话吗？那个腼腆的小男生，在他的本子上写下的 11 个"愤"字，就是对老师、对同学的一种信任。

活动中，我们还让孩子们"换位思考"进行情感体验：当"外号大搜索"一呈现，孩子们立刻笑得前仰后合时，此时我们就引导"听到别人叫你这样的外号，你心情怎样？"笑声顿时消失了。当"晓敏的案例"呈现后，让孩子们说感受，孩子们深切地体会到外号会带给别人很大的伤害，教师再趁热打铁："此时此刻，你们心里有何想法？"于是水到渠成，孩子们认识到了自己的错误，进行自我教育。这些环节层层推进，让学生在活动中体验，在体验中感悟，在感悟中成长，最终达到"助人自助"的目的。

当然，本节课还存在着许多不足，一些负面材料如何巧妙地运用，值得我们继续思考。比如，当那位同学在本子上写下 11 个"愤"字，老师把"笨蛋"这一难听的外号赤裸裸地暴露在学生面前时，会不会对他造成伤害呢？

另外，如何在辅导过程中恰当地运用重述、共情、具体化、面质等心理辅导技术，也值得教师好好反思。

（浙江省金华市浦江县浦阳第二小学　费黎珍

浙江省永康市大司巷小学　卢笑影）

【活动参考资料】

礼貌比法律更重要

礼貌比法律更重要。在很大程度上，法律依赖于它们而存在。礼貌是能让人烦恼或让人平静，让人堕落或让人纯洁，让人受到赞扬或让人遭到贬损，让人野蛮或让人高尚的东西……依照它们的性质，它们或有助于道德，或破坏道德。

缺乏尊重和礼貌应该被看做一个严重的国家问题……一位社会历史学家指出："在西方文明漫长的衰落史里，没有什么比礼貌的逐渐消失更令人感到心痛的了。"

礼貌是那些小小的道德。它们是我们在日常生活中尊重他人以及促进社会关系的方法，它们构成了我们共同生活中的道德框架。

当我们想要得到什么的时候，应该说"请"；当别人（譬如女服务员和店员）为我们提供服务的时候，我们应该感谢他们；我们应该为跟在我们后面的人把门，在电影院里看电影时不应该说话，在开会的时候关掉我们的手机；当我们打哈欠或打喷嚏的时候捂上我们的嘴巴；不使用那些冒犯别人的词语……虽说这些都是小事，但却是我们在设法使周围的人生活得更愉快的时候必不可少的、非常有意义的方式。

如果我们不能把这些日常生活中的礼貌习惯和体谅习惯传授给我们的孩子们，我们就不能使他们成为一个在社会上有能力并且讨人喜欢的人。当整个社会都不能教会年轻人礼貌时，那么人类的关系将变得粗糙无比，这一切将会为日益普遍的对礼貌的严重破坏铺平道路。

（利科纳：《培养品格——让孩子呈现最好的一面》）

活动专题 3 | # 我能"巧拒抄作业"（守界）

【活动参考目标】

1. 了解与理解

（1）了解人际交往中也应该坚守必要的原则。

（2）懂得朋友的友情虽然很重要，但比友情更重要的是为人正直、求实、不弄虚作假。

2. 尝试与学会

尝试在朋友要求抄作业时巧妙地加以阻止，同时又能不伤朋友的自尊心。

3. 体验与感悟

（1）体验经得住考验的友谊才是真正可贵的友谊。

（2）感悟处理矛盾要讲究时间、地点、方式和策略，不可以简单粗暴。

【活动参考课例】

朋友之间有界限

——我能"巧拒抄作业"

活动理念

四年级的学生由于理性思维的发展，出现了对友谊的需要和对友情中出现的矛盾的处理方法的思考。由于学生社会化程度不高，社会化发展还没进入到比较完善的阶段，所以在处理矛盾冲突的时候，技巧性往往是不够的。

本次心育活动课通过问题讨论、案例分析、角色扮演等方式，帮助学生进行换位体验，让其体会到在与人交往过程中，一味地迁就朋友并不是合理的交友方法，进而让其归纳出拒绝朋友的不合理要求的方法和技巧，并在课堂内外加以运用，以达到培养学生的独立人格和合作精神的目的。

课前调查（与朋友交往时有没有不敢拒绝或拒绝不当的经历）。

活动过程

一、 团体热身阶段： 找同伴

1. 游戏：万花筒

（1）让所有的学生先记住 7 条口诀：（见右图）

万花筒

牵牛花 1 瓣自成圈；
杜鹃花 2 瓣好作伴；
山茶花 3 瓣结兄弟；
马兰花 4 瓣手拉手；
野梅花 5 瓣力气大；
茉莉花 6 瓣好亲热；
水仙花 7 瓣是一家。

（2）宣布游戏规则：所有的同学随意站立在指定的 U 形场地内；游戏开始，老师击鼓，鼓声一停，老师会随机说出上述口诀中的任意一句，同学们必须立即改变人际圈子。

例如：当老师喊到"山茶花"一句口诀时，场内的同学必须迅速包成 3 个人的圈；而当喊到"水仙花"一句口诀时，要结成 7 个人的圈；说到"牵牛花"这句口诀时，就只要 1 个人站好就可以。

2. 分享感受

当你因为反应稍微慢一点而被"落单"时，心里的感受如何？

二、 团体转换阶段： 焦点展示

小宣和小南是一对好朋友，在学校里一起学习、一起玩耍，放学后也常常在一起做作业。这天，他们之间发生了这么一件事。

1. 录像展示情境 A

（1）播放视频。

小南做完作业刚想出去玩，却被好朋友小宣拉住了。原来小宣有一道题不会做，想请小南让他抄一下作业。小南犹豫了……

（2）分组讨论：小宣提出了什么要求？他怎么会提出这么一个要求呢？

（小南是自己的朋友，小宣想抄小南的作业，也许是觉得这样才够哥儿们，这好像才是真正的朋友）

小南在犹豫，他又会怎么想呢？

（小南其实觉得这样做不对，但是又不愿意因为这件事而得罪小宣，所以就迁就小宣，从小南内心来说小南是不想这么做的）

你认为小南会怎么做，为什么？

2. 录像展示情境 B

（1）播放视频。

小南犹豫了一下，答应了。

（2）全班讨论：得到帮助的小宣，这时心里会怎么想？

同学们一定会往下推理，假如第二天，或过了一段时间，事情会怎么样呢？

假如小宣回想到当初这件事，他还会感谢小南吗？

三、 团体工作阶段： 心灵碰撞

看来让朋友抄自己的作业不是好办法，这时候，我们应该学会拒绝。那怎样拒绝才合适呢？我们可以回想一下，平时我们是用什么方式拒绝别人的，用这种方式拒绝朋友后，造成了什么后果。

1. 角色扮演 A

（1）预设情境 A（粗暴型）。

小南粗暴地、声音很大地说："叫我给你抄！亏你想得出来！"小宣愤怒地说："嚷什么嘛。不借就不借嘛！"说完后转身离去。

（2）两名学生做角色扮演，全班评析。

同学们想一想：他们是怎么想的，又是怎么做的？

（小南可能有事，可能心烦，所以他做出了上述的举动；或者他就这种脾气。当然这种行为方式是肯定不会得到同学们的认同的。也就是说，这种行为是不能被多数人所接受的）

两人的关系会有什么结果呢？（不欢而散）

2. 角色扮演 B

（1）预设情境 B（轻描淡写型）。

小南："不行。"（以一种较为平和的口气，然后接着做作业）
小宣很委屈、很不情愿地点点头。

（2）两名学生做角色扮演，全班评析。

小南拒绝了小宣。如果你是小宣，你会怎么想？

小南在拒绝朋友时态度怎么样？结果怎么样？

3. 角色扮演 C

（1）预设情境 C（委婉型）。

小南：对不起，我觉得这样做不好。我把作业给你抄的话，这个题目你
还是不会做呀！我还是教你解题方法吧。

小宣：哦，那好吧。

（2）两名学生做角色扮演，全班评析。

这种方式中小南的表现怎么样？小宣被拒绝了后的表现又怎么样？

（小南以一种委婉的方式拒绝了小宣，小宣也能体会到小南确实为他考虑）

四、 团体结束阶段： 总结收获

1. 分组讨论

（1）三种拒绝的方式，哪一个是同学常用的？

（2）在拒绝朋友时，我们有哪些需要注意的呢？

分组讨论后，全班分享。

2. 教师小结

（1）要避免在公开场合下拒绝朋友提出的不合理要求，要巧妙地寻找理
由与朋友单独对话；

（2）要能提出合情合理的替代性方案供朋友选择；

（3）要尽可能帮助朋友解决困难，又不违背"不弄虚作假"的基本原则。

3. 课外延伸

生活中还有朋友的哪些不合理要求应该拒绝，用什么样的方式拒绝？把

你在现实生活中的尝试结果告诉老师，老师将很愿意倾听并与你们交流感受。

活动反思

四年级学生主动交友和被同伴接纳的社会性需求正迅速扩大，因此，帮助他们正确认识朋友关系、训练同伴交往技巧，是四年级心育工作的主要任务。

本次活动通过视频展示了一个事例，引导学生进入角色思考，在讨论辨析中明晰：（1）朋友提出的不合理要求应设法拒绝；（2）怎样拒绝才能不伤害朋友间的友谊。

在讨论该不该拒绝的时候，学生出现"一边倒"的现象，都说不能让同学抄。这时，我就故意在旁边"煽风点火"。学生说考试时会做不出，我就说："哪有这么巧？"学生说不能抄，我就说："好朋友怎么这点忙都不帮？"在这样的情境提示下，一个学生就提出不是所有的要求都要满足，不合理的要求不能帮。于是我就在这里顺势提出了问题："哪些要求是不合理的呢？"学生提出了玩电脑、到网吧玩游戏等。我们还谈到了借钱给朋友时，还要看他借去干什么用再决定借不借。在这个环节中，我让学生逐渐明确：真正的朋友，会考虑对方提出的要求是否对朋友的成长有利，来决定是否答应朋友的要求。

接着，开始讨论怎样拒绝才合适的问题。通过对故事的分析，学生明白了并不是因为拒绝而导致朋友间的决裂，而是拒绝的语气和态度如果十分恶劣会引起朋友的反感。演示拒绝方式时，有一个小组选择的是反问对方"我为什么要借你抄呢？"大家认为这个方法也是一个好方法，但没有经过深入的思考。这时教师可以追问："是出于什么原因，让你选择这种方式？"引发学生思考这种方式的合理性。

作为一名心育老师，在课堂上不能满足于学生已有的回答，而应学会即时捕捉信息，发现引导的契机。其实很多时候，不是学生不理解，而是教师自己没有引导到位。该引导的时候一放而过，而不该引导的时候却又啰唆一堆。也就是说，有时是老师自己把学生引入了"死胡同"的。

因老师的合理引导而使学生讲出了自己的真话，心育活动课便出现了亮点。作为心育教师，还应练练在课堂上的启发、点拨、总结的能力，合理应对学生的现场反应，使学生在课堂上能充分表达出自己的真实想法，这样才能使学生真正有收获、有进步！

（浙江省永康市人民小学　胡　蔚）

阻止抄袭是为了维护道德秩序

真实性高于个人的欲望和价值观。例如，如果一位同学经常抄袭别人的作业，并声称这是自己的成绩，那么正确的做法是阻止他的这种行为，即使这看来没有尊重他的目的和欲望。在这种情况下，抄袭者把其他学生当成手段，已经违反了道德规则，失去了以被尊重为目的的权利。即使我们违背了抄袭者的主观意志，但阻止抄袭维护了道德秩序（高层次的真实性）。同时，也可以认为，这一行为代表了对抄袭者内在潜力的更加深刻的尊重。当然，人与人之间总是进行真实可信的互动并不容易。出于羞涩或胆怯，有些人不愿这样做，有些人害怕伤害别人的感情，有些人不善于做出适当的表述。固然实话实说有时可能会失去友谊，然而更经常的情况是，以尊重而敏感的方式进行真诚的分享，反而有利于增进关系。

（国际教育基金会：《培养心情与人格——人生基本目标教育》）

活动专题4

我能"消除小误会"（谅解）

【活动参考目标】

1. 了解与理解

（1）理解误会产生的根源，以及误会对人际交往的负面影响。

（2）了解解除误会的重要性。

2. 尝试与学会

（1）学会解除误会的方法，能运用这些方法解决生活中的实际问题。

（2）面对一时难以说清的误解时，学会暂时忍让。

3. 体验与感悟

（1）面对别人的误会采取积极的态度，增强心理承受力。

（2）能结合自身的体验，感受对待误解的不同做法带来的不同的结果。

【活动参考课例】

解除误会小秘方
——我能"消除小误会"

活动理念

小学中年级学生正处于由儿童期向"前青春期"过渡的关键时期，这一阶段的孩子对人、对事很敏感，容易发生矛盾、产生误会。调查发现90%左右的小学中年级学生与别人发生过误会，其中80%以上的学生在与家长、老师发生误会后会选择沉默、流泪。我们的学生无论是向外发泄还是压抑自己，都不利于说明真相、解除误会。尤其是将"压抑自己"作为对策的学生，更有可能变得怯懦、顺从、内向，从而妨碍他们个性的健康发展。所以，帮助中年级学生消除在人际交往中的小误会，帮助他们化解消极情绪与困惑，培养他们形成乐观豁达的品格，显得尤为重要。

活动准备

排练情景剧；多媒体课件；教师给学生的一封信；白色画纸和彩色笔。

活动过程

一、 团体热身阶段： 分享故事， 谈感受

1. 多媒体播放《流泪的狗》

同学们你们喜欢狗吗？下面请同学们欣赏一个与狗有关的故事。

有一对夫妇和他们的孩子生活在一起。由于夫妻俩忙于生活，没有时间

照看孩子，于是他们驯养了一只狗。那狗聪明听话，把孩子照顾得无微不至，这只狗甚至可以咬着奶瓶给孩子喂奶。

有一天，主人出门去了，依然由狗照看孩子。因为大雪封山，夫妻俩当天不能返回家，直到第二天才赶回来。一进门，那只狗立刻出来摇着尾巴迎接主人。主人把房门打开一看，满屋的血迹，再抬头一望，床上全是血，孩子不见了。而那只狗站在身边，嘴角还滴着血。主人看到这种情形，以为狗野性发作，把孩子吃了，他愤怒地拿起刀向狗劈去，把狗杀死了。突然，他听到孩子的声音，看到孩子从床下爬了出来，妻子急忙抱起孩子。虽然孩子身上有血迹，但并没有受伤。主人很奇怪，不知道究竟发生了什么事。再看看那只狗，它腿上的肉已经没有了，而在门的旁边还躺着一只奄奄一息的狼，那狼的嘴里还叼着狗腿上的肉。

主人顿时明白了：是狗救了孩子，但自己却把它误杀了。再看看那只躺在地上的狗，它浑身被鲜血染透了，那条血肉模糊的后腿依然滴着血。再看看狗的脸，双眼闭得紧紧的，只是它的脸上，布满泪痕……

2. 分享体会

同学们听完了这个故事，你有什么感受？在小组里交流一下好吗？

（1）全班同学分享。

（2）教师点评：正是因为误会，主人才杀了狗。孩子们，人和动物之间发生了误会可以造成这么可怕的后果，那么大家想一想：如果人与人之间发生了误会，会怎么样呢？

看来，误会不但会影响我们的情绪，还会破坏同学之间的友谊，严重的误会还会酿成无法挽回的悲剧。因此，我们有必要学会消除误会，这节课我们就一起去寻找破解误会小秘方。

二、 团体转换阶段： 了解误会， 莫大意

1. "我说你画"

刚才同学们谈到了误会可能给我们带来很多不良的后果，那么，误会究竟是怎样产生的呢？下面我们一起做个小游戏。

（1）游戏："我说你画"。

（2）活动要求：认真听清老师描述的语言，展开你的想象，把老师描述

的景物画在纸上，你只能倾听，不可以讨论，也不可以提问。

（3）教师描述，学生绘画。

这里是一个宁静的小山村。一场鹅毛大雪过后，树木、房屋、山川全都盖上了一层厚厚的雪。雪后的山村美丽极了，简直就是一个童话王国里的世界。孩子们相约来到这里，他们堆雪人、打雪仗，笑着、跳着，开心极了，他们在享受着雪给他们带来的快乐。

2. 学生畅谈活动感受

同学间相互欣赏作品，交流感受。

师：你们想看一看我的画吗？（展示教师的画）

3. 教师点评

正像大家所说的，同一幅画面因为每个人的理解或想象不同，就有了画面的千差万别。同样在生活中，正是由于每个人对待一件事认识不同，又缺乏理解和沟通，也就难免产生误会。

三、 团体工作阶段： 走进误会， 找方法

1. 情境表演：小玲和小丽（A 剧）

小玲的一支新钢笔不见了。过了几天，她发现小丽的文具盒里有一支钢笔和她丢失的那支一模一样。小玲怀疑是小丽拿了她的钢笔，于是告诉了老师。小丽心里很委屈，因为这支钢笔是前几天妈妈为了奖励她成绩有了进步，特意买来送给她的，可是现在……

2. 小组讨论

（1）面对同学的误解，小丽该怎么办？

（2）各小组派代表发言，教师归纳消除误会的方法：

当面说清楚，或者写封信；

请别人帮忙传递信息；

将道歉的话录下来；

……

3. 敞开心扉，倾诉心声

在学习生活中，当你被人误会时，有什么感受？当时你是怎么做的？结果怎样？对照表格，小组交流，自评或请同学评一评，当时的做法是否正确。

被误会的事情	当时的心情	当时的做法	结　　果	自　　评	同学评

4. 寻找方法，妥善处理

怎样面对别人的误会呢？哪些方法比较好呢？请选择，并大声说出来。

①向朋友、父母或老师倾诉心中的苦恼。（　　　）

②对误会自己的人或事，念念不忘。（　　　）

③和朋友、父母或老师讨论如何与对方沟通。（　　　）

④对误会自己的人发火、争吵或打架。（　　　）

⑤应该寻找适合的时机、采取合适的方法向对方解释真相。（　　　）

⑥如果误会一时不能消除，会依靠时间来冲淡不愉快的记忆。（　　　）

……

5. 情境再表演：小玲和小丽（B剧）

在小组里采用上述方法，用表演的形式来表现一种可能的处理方法。

6. 教师点评

被别人误会时，我们一要冷静地分析产生误会的原因，并能谅解、宽容别人，不斤斤计较；二要学会倾诉，学会沟通，既不要憋在心里，也不要不合时宜地提出来，而是应该寻找适合的时机解释沟通。这样，误会会离你越来越远的。若误会不能马上消除，我们只能让时间慢慢冲淡不愉快的回忆。

四、 团体结束阶段： 破解误会， 见行动

1. 破解身边的误会

（1）练习情境。

出示情境1：爸爸口袋里的钱不见了，他认为是儿子小明拿去了，小明为此很苦恼也很委屈。

出示情境2：小花和小草是同桌，她们因为一点小矛盾吵架了，不理对方。

出示情境3：小刚的作业完成了，但是就在交作业的时候作业本突然不见了，老师批评他，他很委屈。

（2）活动要求：以组为单位，任选一个情境，小组同学商量后，把你们认为能够最巧妙地破解误会的办法写在"汇报单"上，限时2分钟，最后由小组长汇报。

（3）分组汇报。教师赠送格言："理解是慰藉人心灵的良药！"

2. 教师小结

孩子们，生活是美好的，偶尔发生的误会总会有解决的办法，只要我们肯想、肯做。面对误会时，愿上面这句格言能化解我们生活中所有的不快。来，大家一起努力，让误会少一些，快乐多一些！ （播放歌曲《左手和右手》）

活动反思

本节心育活动课是根据小学生在人际交往中的实际需要来确定主题的，并通过课中活动、体验、感悟，来实现"助人自助"。活动是学生心理发展的基础，学生的心理品质是在活动和人际交往中形成的。本节课针对班级中常见的"误会"现象，设计了丰富多彩、形式多样的体验活动，特别是团体热身阶段的故事《流泪的狗》，一下子紧紧抓住了学生的心，许多学生流泪了，对"误会"带来的严重后果和损失有了极其深刻的体验，达到了"情感热身"的良好效果。接下来的"我说你画"又进一步引导学生理解误会产生的原因。而团体工作阶段设计的误会情境来自学生的实际生活，几乎每个学生都遇到过，因此在讨论分享的过程中气氛热烈，学生在探讨

应对策略的过程中提高了自己处理人际矛盾的能力。最后的结束阶段提供了生活中的三个情境，力求使学生在互动参与中得到认知水平和交往技能的有效提升，并能向课外生活中延伸，以达到改善学生人际关系和妥善化解矛盾的目的。

（黑龙江省鹤岗市红军小学　房丽华
浙江省宁波市江东区中心小学　沈莉伊）

【活动参考资料】

经常沟通才能避免误会

前些年，中国曾经流行过"理解万岁"的说法。这对于增强理解、增进友谊、发展人际关系起了一定的作用。殊不知"理解"有一个不可缺少的前提条件，那就是沟通。《西厢记》里有句话，叫做"长相知，不相疑"。什么叫做"不相疑"？这就是理解、信任。什么叫做"不相疑"？这就是沟通。把"长相知"置于"不相疑"之前，足以说明"沟通"之重要。

人是有差别的。千差万别的人际关系要靠沟通来维系，来形成网络。沟通是宣传，也是组织。沟通是黏合剂，也是凝聚力、亲和力。"不通则痛，通则不痛"。经常沟通才能避免误会、减少纷争，才能行动一致。沟通是和谐，沟通是福气，沟通是关系的完善，沟通也是无形的资产。

沟通是独特的学问，是独特的艺术。有些学富五车的人未必会沟通，因为少了一车"沟通学"。英才盖世的人照理能与人沟通，可是也有的英才唯独没有"盖"住沟通，结果弄得四面楚歌。因此，沟通是人生的必备，是"教授学来不觉浅，村妇学来不觉深"的学问。

（麦凯，等：《人际沟通技巧》）

活动专题 5

我能"做个好同桌"（友善）

【活动参考目标】

1. 了解与理解

（1）初步认识到同桌之间的友好交往是一个双向互动的过程。

（2）知道同桌之间相处时，任何一方不当的行为方式都可能会影响到两人的正常关系。

2. 尝试与学会

（1）通过活动，在"角色扮演"中初步掌握与同桌友好相处的方法。

（2）尝试与同桌交往时做到"相互尊重、相互谦让、相互帮助、相互了解"。

3. 体验与感悟

在模拟的情境中，感悟到满足自己对好同桌的要求其实就是与同桌友好相处的最好方法。

【活动参考课例】

"同桌招聘会"
——我能"做个好同桌"

活动理念

在儿童的社会化进程中，同伴关系作为儿童人际关系的重要内容，随着年龄的增长，其作用逐渐增强。在学校里，学生与同桌相处的时间最长，同桌间的友好关系会让学生们的童年充满快乐，有助于他们健康成长。本节课旨在通过活动，引导学生体会到同桌之间的友情是双向的，并引导学生掌握与同桌友好相处的方法。

"同桌招聘会"招聘书；彩色卡纸；胶带；多媒体课件。

一、团体热身阶段："你拍拍，我拍拍"

1. 游戏规则

同学们，让我们一起来做一个放松游戏。游戏规则：同桌两人为一组，其中一人先按老师示范的 8 拍节奏轻轻拍打同桌的肩膀和背部，然后互相交换，再以相同的节奏轻轻拍打对方（教师请一位志愿者协助共同示范），注意要力度适中，心情放松。

2. 交流感受

刚才的游戏，你有什么感受？同桌是如何拍打你的，你是如何拍打同桌的？

3. 教师点评

在与同桌的交往中，往往是你付出什么，就能收获什么，人与人之间的交往是相互的。

二、团体转换阶段：《恼人的同桌》

1. 播放录音故事《恼人的同桌》

林兰是班里的学习委员。她的同桌个子虽小，却是个"调皮大王"。"调皮大王"爱招惹别人，弄得林兰经常跟他吵架。但两个人吵架的时候，同学又常常指责林兰欺负小个子，林兰很委屈，所以她就更讨厌这位"调皮大王"了，几次要求老师换同桌。可老师说："他的缺点不是什么大问题，总有同学要和他坐在一起，你要多多包容他。"林兰为此感到很苦恼。

2. 分享你的故事

听了林兰与同桌的故事，也许也让你想起了自己与同桌之间的故事，你们之间一定有不少故事吧？让我们一起来分享，说一说，你和同桌之间是怎样相处的？

3. 继续播放录音故事

同桌经常吵架确实挺让人心烦的，我们继续听听林兰后来是怎么做的。

有一次，她在日记里写了一则"招聘同桌"的广告，她罗列了许多好同桌的标准。

如果老师给你一次机会，你想不想自己去"招聘"同桌？我们今天也来模拟一次"同桌招聘会"，好吗？

三、 团体工作阶段："同桌招聘会"

1. 活动准备

先准备一份"招聘书"，每个同学都可以按照自己理想中同桌的标准，把你的要求简要地写下来，并注明"招聘发起人"，时间为3分钟。如果你觉得你与同桌相处得很好，不想换同桌，也请你把你和同桌友好相处的方法在纸的背面写下来，和大家一起分享。

2. "同桌招聘会"活动

（课件出示"同桌招聘会"横幅，在教室的某一面墙壁上指定张贴"招聘书"的位置）

（1）教师引导：机会难得，时间有限，招聘者明确条件后，请同学们踊跃参与，觉得自己符合条件的就积极"应聘"，争取找到一个好同桌，而你也要尽量将自己"推销"出去。

（2）学生自由观看"招聘书"，进行招聘、应聘、竞聘活动。

（3）教师点评：刚才几位同学招聘同桌的条件有许多相似的地方，看来大家对"好同桌"有一些相同的标准。

3. 小组活动：好同桌的标准

以六人为一小组，在小组里说说你的招聘条件，然后归纳大家都认同的"好同桌"的条件，请一位组员用一个词或词组概括并写在老师准备的卡纸上，一张卡纸写一个标准，有几个标准就写几张。

4. 小组交流

请每组派一位代表说说你们小组商定的"好同桌标准"，其余小组在前面小组的基础上提出你们组不同的见解（学生将卡纸贴在黑板上）。

5. 全班讨论

（1）对大家贴出来的这些好同桌标准，你有不同的看法吗？

（2）在学生讨论的基础上，教师对"好同桌标准"进行增加或删除。

（3）教师点评：同桌是我们学习生活中的伙伴，每个同学都希望自己的同桌是一个懂得尊重、谦让、帮助、欣赏的人，而你的希望也正是同桌对你的期待。和谁做同桌并不重要，最重要的是怎样与同桌相处。我们对好同桌的要求，其实就是我们与同桌友好相处的方法呀！

四、 团体结束阶段： "好同桌" 岗位实习

1. "岗位"训练

（1）选择情境，同桌合作表演：如果遇到下面的情境，你和你的同桌会怎么做呢？

手工课上，同桌忘带剪刀了……

同桌考试得了 100 分……

做作业时，同桌把手臂一直伸到了……

上课时，同桌提醒我认真听讲……

（2）同桌之间相互交流一下训练感受。

（3）教师点评：同桌间友好相处的秘诀是——相互尊重、相互谦让、相互帮助、相互了解。

2. 训练总结

许多人在回忆学校生活时，印象最深的同学是同桌，许多人也会把儿时的同桌当做最好的朋友，同桌的友谊是深厚的、纯洁的。祝愿我们每一位同学现在能与同桌友好相处，长大了能与更多的人进行友好的交往，让自己拥有更多的朋友。最后，让我们再做一遍开始时的游戏，相信这一次你会有不同的感受。（课件播放音乐）

3. 再次进行"你拍拍、我拍拍"游戏

本次心育活动课，从游戏"你拍拍，我拍拍"开始，再经过故事的转换引出讨论的话题，到进入"同桌招聘会"时，掀起了整个活动课的高潮。师生之间、生生之间真诚互动、热情参与，使课堂气氛相当热烈。在安全、接纳、轻松的氛围中，学生主体意识明显，有较多的积极体验和自我探索。需要注意的问题是，"同桌招聘会"是比较难把握的一个环节。我每次试教时，不同班级的学生表现各不相同，有时候无人应聘或不愿应聘，场面尴尬冷清；有时候多人应聘，只能进行"竞聘"，又会使"招聘会"现场气氛非常热烈。因此，活动中需要辅导老师要有随机应变的能力和比较强的调控能力，发挥好组织、引领作用，表现出尊重、接纳的态度，同时也要善于捕捉和充分利用现场生成的辅导资源，促进学生思考，加深学生的心理体验。

（浙江省湖州市长兴县第二实验小学　王雪儿）

【活动参考资料】

儿童的角色取替能力

为了能了解并且愉快地与别人相处，知道别人与我们自己之间拥有各自不同的观点是很重要的。而所谓能够用他人的眼光来看待这个世界的能力，就是指儿童能够事先预测对方的需要、知觉以及可能采取的行动，并做出一些人际关系上的判断，或者是在决定一些关系行为的时候可以考虑到对方的立场。而比较熟练的角色取替方法也可以让儿童减少破坏性的行为，并使他对朋友有更多正向的利他行为，比方说，好东西与好朋友一起分享，或者是朋友有难时全力帮忙，等等。有研究报告指出，儿童的角色取替能力和他们对维护互惠式友谊关系的喜好，以及他们一般的人缘情况有高度的相关，特别是在年龄稍长的孩子身上更是如此。

（Erwin：《成长的秘密——儿童到青少年期的友谊发展》）

活动专题6 | 我能"交往不起哄"（同理）

【活动参考目标】

1. 了解与理解

（1）了解男女生到中年级后各自的特点及相互之间可能出现的冲突或矛盾。

（2）懂得同一种行为方式发生在同性之间或是发生在异性之间，会引起不同的反应。

2. 尝试与学会

（1）初步掌握男女生相处过程中的一些基本规范，如，相互理解、相互尊重、女生优先、换位思考等；做到在同学相处过程中不给异性同学"配对"、不因异性同学正常交往起哄等。

（2）尝试用正确的眼光看待周围男女生的正常交往，会用"这很正常"、"这没什么"等内部语言克制自己起哄的冲动。

（3）尝试在有人对男女生正常交往"配对"、起哄时，能做到"不参与"、"会劝阻"。

3. 体验与感悟

（1）在沟通、交流过程中感受男女生正常交往所带来的快乐。

（2）能够体谅被"配对"、被起哄的同学难受、委屈的心情和尴尬的处境。

【活动参考课例】

男生女生，两小无猜
——我能"交往不起哄"

活动理念

随着生理和心理的发展，小学中年级学生异性间的交往将逐步由"两小无猜"式的自然交往进入到"异性疏远期"，会出现一些特殊的言语、行为和心理。如何帮助孩子们顺利地度过这一"不自然"的交往期，让学生能了解彼此的共性和差异，用接纳、理解的态度去化解与异性交往中的矛盾和烦恼，用欣赏、学习的态度与异性和谐相处、感受友好相处的乐趣，是中年级学生心育课程中的重要课题。

活动准备

课前调查（中年级男女生交往情况以及出现的矛盾和冲突）；课件；小品表演准备（事先拍摄 DV）；座位按男女混编的 6 人小组围坐；小纪念品若干；"金话筒"、"银话筒"道具两只（规格要大于实物）。

活动过程

一、 团体热身阶段： "拉手组团"

1. 游戏规则

下课时，我们都希望快快乐乐地与同伴一起玩耍，如果孤零零地一个人玩，我们会觉得没意思。所以，我们先来做一个游戏："拉手组团"。

规则：全班同学起立，站在教室中间，老师说"×人组团"时，按照老师的要求，迅速手拉手组"团"，和同学组成"团"的算成功，没有组成"团"的算失败。注意：不管是男生还是女生，必须手拉手；如果发现有一人拒绝手拉手，全组"出局"。

2. 拉手组团

（1）第一次，3 个同学一组迅速组团；第二次，4 个同学一组迅速组团；第三次，5 个同学一组迅速组团。学生几次尝试并熟悉规则后，教师开始随机发出指令。

（2）游戏之后，给获胜小组颁发小奖品，并统计不幸"出局"的人数。

二、 团体转换阶段： 小小少年也烦恼

1. 小组讨论游戏感受

我和同学组"团"时心里感到（   ）。

我没组成"团"被迫"出局"时心里感到（　　　　　　　　　　　）。

2. 采访出局的学生

刚才老师看到那边还有几个女（男）同学没有组成团，你为什么不去和她（他）们手拉手呢?

（学生可能给出的答案是：不好意思、怕被同学笑话、不愿意……）

3. 男生女生分别分组

（1）现场将学生按男女性别重新分成若干小组。

（2）小组讨论：男女同学在一起玩耍时会觉得别扭、不自然，是什么原因造成的?

（3）男生组和女生组的答案在全班进行分享。

（男生组可能给出的答案是：爱告状、爱哭鼻子、小心眼，一点小事就生气、爱发火；女生组可能给出的答案是：爱欺负女同学，爱起外号、起哄、造谣……）

（4）在课前调查中，有一些同学谈到了另一种烦恼，就是男女生在正常交往中，总有一些同学会起哄，给别人"配对"，说些不好听的话，你们有同感吗? 在小组内交流一下。

（5）全班分享。

（学生可能给出的答案是：有些男生一见一个男生和一个女生多说几句话就会说"他俩好上了"；一个男生跟一个女生玩，有些男生就会起哄"某某喜欢某某"……）

三、 团体工作阶段： "金话筒" 和 "银话筒"

1. 播放视频《风言风语》

看来，同学们平时对异性同学的意见还真的不少，这到底该如何解决呢? 我们不妨先来看看几位同学的烦恼事吧!

（1）播放视频。

小琪和小文是邻居，从幼儿园到小学都是同班同学，而且都是班委，所以经常一起上学，一起回家，讨论班级工作。但是最近不知是谁"首创"，说他们是"王子与灰姑娘"。久而久之，班上的同学开始传出风言风语，说他们俩关系不一般，是"一对"。为此小琪感到十分苦恼，不敢跟小文说话，更不敢和他一起回家了，结果影响到了自己的学习和班上的工作。

（2）男女生分组讨论以下问题：

如果你是小琪，你当时的心理活动可能是怎样的？
你认为传闲话的同学是一种什么样的心态？
你觉得小琪应该怎么办？

学生分小组讨论、发言。

（3）教师点评：我们同学之间的异性交往，不仅可以，而且是正当的，也是健康的。其实，传闲话的同学内心也很想与异性同学正常交往，对异性同学的交往很感兴趣，只是他们不知道该如何交往。

2. "头脑风暴"："男女生交往金话筒"

（1）教师引导：起哄的现象往往是由于"随大流"的心理导致的，所以我们要讨论一个很重要的问题，那就是：如果你的好朋友在这样起哄、传闲话，你会怎么劝阻他？

（2）在6人小组里，每人说一句劝阻同学"不要起哄"的话，规则：后面的同学不能重复前面同学已经说过的话，如果意思重复，就要重新说一遍。然后评出你们小组一致认同的"劝阻起哄语句"，写在大卡片上。

（3）每个小组派一位代表发言，宣读你们小组的"劝阻起哄语句"。规则：后发言的代表不可以重复前面发言代表的意思，如果意思重复，必须由全组同学小声讨论出一句新的劝阻语句，写在卡片的背面，再由小组代表传递给全班。

（4）将各组的大卡片贴在黑板上，全班同学一起评出"男女生交往金话筒"。

（5）教师点评：少年少女本应两小无猜，我们要正确看待男女生正常交往现象。对于喜欢起哄"配对"的同学，大家要拿起"金话筒"，做到"不参与"、"会劝阻"。

3. 播放视频《打闹现象的背后》

（1）教师引导：根据课前调查，男女生正常交往遇到的麻烦中，除了有人爱起哄之外，还有一个奇怪的"打闹"现象，请观看一段视频。

下课时，小婷和小艺看见班上的"数学王子"小迪还在座位上写作业，小婷说："开个玩笑，你有没有胆子去揍他一拳？"小艺不屑地说："这有什么不敢的？"说完就过去狠狠地揍了小迪一拳。小迪疼得大声说："干吗无缘无故打我？"这时，小迪的好朋友小超看见了，连忙跑过来，不由分说地讽刺小艺："你长得黑不溜秋的，在这里疯什么？"小艺气得哭了，大骂："猪头，真讨厌！"小超回骂："找死啊！"小迪连忙说："算了算了，女孩子头发长见识短，不跟她一般见识。"

（2）小组讨论：

视频里几位同学的言行中，哪些言语、举止、态度是让你觉得反感的？为什么？

上面的事件中，哪些人受到了伤害？你们怎么看待男女生"打闹"这件事？

（3）教师点评：男女生打打闹闹的背后，实际上是很想和异性同学进行交往的愿望，只不过这些同学不知道和异性同学交往的正确方法，才故意做出一种相反的、甚至是很过分的举动，来引起异性同学对自己的注意。

4. "头脑风暴"："男女生交往银话筒"

（1）教师指导：想引起异性同学对自己的注意，本来很正常。那么，我们可以做一些什么事情，来让异性同学感受到自己对他们的关注和尊重呢？

（2）小组内进行"头脑风暴"活动：在小组里说一句在男女生交往中最受欢迎的行为准则，活动规则同前。

男女生交往金话筒

（3）全班进行"头脑风暴"活动：活动规则同前，看哪个小组的代表说得最好。

（4）全班同学一起评出"男女生交往银话筒"。

（可参考的"男女生交往行为准则"如，相互尊重、女生优先、换位思考……）

（5）教师点评：在男女生交往中，相互尊重、相互谅解，我们的交往便会少一些烦恼，我们的班级就会少一些令人反感的"打闹"现象。

四、 团体结束阶段： 小小少年手拉手

1. 分享感受

学生回到男女混编小组，在小组内用一句话总结本节课的收获。

2. 再做一次"拉手组团"游戏

3. 教师小结

如果男生像是热情的红色，坦率的蓝色，那么女生就像是活泼的黄色，纯洁的白色，让我们用金色年华的调色板调出最和谐的色彩，为我们的成长描绘出最精彩绚丽的画卷！

活动反思

面对由两小无猜式的童年交往转向"异性疏远期"的小学中年级学生，如何引导他们把握好其中的分寸，是有一定难度的。因此，在上心育活动课的时候要注意以下几点：

（1）活动课的切入点要准。本节活动课是针对小学中年级这一特定年龄段男女同学交往的特殊心理而设计的，解决的心理问题不能"超前"，也不能"滞后"，也就是说，不宜设计成克服"早恋"、防止交往过密等青春期异性交往的心育课。

（2）当引导学生谈交往烦恼的时候，有时会出现男女生两大阵营的"相互攻击"，也可能会出现某一方沉默或男女生双方都放不开的情况。究竟该怎么放、放到什么尺度、怎么收、收的最佳时机在哪里，这些都是对老师课堂驾驭能力的考验。

（3）教师要对学生可能出现的现场反应做好充分的预设，尤其是谈论到男女生"配对"等情况，要注意保护学生隐私，防止团体活动本身可能带来的心理伤害。

（4）本节心育活动课强调课前的调查。如果教师课前没有对中年级男女生的交往状况做认真的调查和科学的分析，就可能导致课堂与学生实际生活相脱离，达不到活动效果。

（浙江省台州市路桥实验小学　李文祥　马丹红　管菊玲

浙江省台州市路桥区路南中心小学　王海萍）

【活动参考资料】

"前青春期"异性间的友谊

在前青春期，儿童之间的友谊具有相当明显的性别倾向性，性别是对朋友关系起到决定作用的最为重要的单一因素。

男孩和女孩在前青春期中的彼此分离和排斥，是由多种原因造成的。

首先，前青春期的男孩女孩有不同的兴趣，主要参与同性成员的活动，他们认为自己同异性间有所不同，有性别界限，但并不是说他们真的不喜欢异性成员。

其次，有些孩子担忧，同异性成员来往会被看成是开始谈恋爱的标志。

再次，不知如何与异性相处，异性间的友谊会给年幼的孩子带来许多不适感和焦虑。

即使进入青春期早期，当男孩和女孩之间的确有了一些友好往来的时候，他们也往往会通过一种刻意的、开玩笑的、对立的，甚至是恶作剧的方式，来夸张地表现其中所包含的那一点点彼此吸引或者爱慕的意味，从而使得自己对异性的兴趣和茫然不知所措带来的焦虑、紧张，最终可能被嘲笑、戏谑、吵骂所吞没。

对青少年来说，从同性间与性无关的人际关系，过渡到异性间与性有关的人际关系的这一过程，多多少少会给他们带来些难题。这一过渡阶段在时间上往往和同龄人群体从同性成员组成的小团体，向男女都有的大团体转变的过程是吻合的。在此过渡过程中，青少年在处理人际关系的时候必然会感到焦虑和紧张，从旁人时常对他们表现出的嘲弄和戏谑中就可以感受到这一点。而且，当年幼的青少年与异性间稍微亲密了那么一点点，就被认为在恋爱或者有性方面的念头时，使得他们往往会表现出明显的不适感，可见同异性间的人际交往会给他们带来焦虑和紧张。

年幼的青少年，无论是男性还是女性，都会有大量的时间在想着异性，但是和异性在一起的时间却明显要少得多。随着年龄的增长，当他们想着异性的时候，往往会体验到更多的消极情绪，这可能是由于在青春期早期经历的那种对于异性的幻想，开始被更为实际的对于恋人陪伴的渴望所取代。

　　无论如何，有一点可以肯定，就是即便是只有 9 岁大的前青春期中的孩子，也会将同异性的关系区分为朋友关系和恋爱关系两大类。当两性间的友谊开始发展的时候，青少年也许会用和周围的异性同龄人开玩笑的方式，或者是取笑周围的异性同龄人的方式，来掩饰他们对此的焦虑。

　　　　　　　　　（斯滕伯格：《青春期：青少年的心理发展和健康成长》）

◆ 活动模块二

激活思维

阶段目标：

训练和发展小学 4~6 年级学生的思维能力，提高他们的思维品质。

适用年级：

小学三、四年级，以四年级下学期为主。

活动专题 7

我能"想得快又快"（思维敏捷性）

【活动参考目标】

1. 了解与理解

（1）了解思路敏捷的人不仅能够在短时间内快速反应，而且在复杂的问题情境中能"急中生智"、"随机应变"。

（2）懂得敏捷的思维是可以训练出来的。

2. 尝试与学会

（1）尝试提高解决问题的敏捷性，在规定的时间内对一个问题情境（如，思维训练题）提出尽可能多的解决方案。

（2）激活多角度思考问题的兴趣，避开思维定势的影响，尝试找到解决问题的突破口。

3. 体验与感悟

（1）体验"想得快"带来的情绪上的振奋感。

（2）感悟"脑筋越用越快"的道理。

【活动参考课例】

快速思维训练营

——我能"想得快又快"

活动理念

思维品质是思维发生和发展过程中所表现出来的个性差异，培养儿童的思维品质是发展其思维能力的突破口。思维品质主要包括敏捷性、灵活性、深刻性、独创性等，其中，敏捷性是指个体能迅速而有效地解决问题。小学四、五年级是儿童思维发展的关键期和转折期，在不断丰富知识储备的基础上，注重培养儿童敏捷的思路和讲求效率的思维速度，可以有效地促进儿童的思维快速发展。

"思维快车卡" 40 张，前往"哥尼斯堡国"的通行证 10 张；蛋糕 10 个，塑料小刀 10 把；"又错又快"中的题目 20 份；班内同学随意组合，6 人一组，围坐桌子四周。

一、 团体热身阶段：成立思维训练营

1. 游戏："唱反调"

（1）游戏规则：改变平时习惯，改变常规思维，做出与要求相反的动作。

（2）听教师口令，集体完成教师要求。（如，抬头、起立、坐下、向前看、举左手、摇头、男生起立、双手放下，等等）

2. "思维训练营"动员令

同学们，你们知道吗？在遥远的"哥尼斯堡国"，即将进行一个规模盛大的思维竞赛，欢迎世界各国有志之士踊跃报名参加，获奖者不仅能获得丰厚的奖品，还能申请成为他们国家的公民，你们想不想参加？

为了更好地备战，我们现在成立了一个"思维训练营"，表现优异者（凭拿到"思维快车卡"的数量多少决定）将获得特别奖励——"哥尼斯堡国"的通行证！希望大家在训练中尽情展现你们的聪慧才智和灵气，好吗？

二、 团体转换阶段： 快速思维

1. 游戏：同桌一齐"开火车"，看谁能回答"又错又快"

（1）游戏规则：回答时只说错的答案。看谁能回答得"又错又快"。

（2）游戏开始，教师提供备选答案：

杭州在西湖/6 比 7 少 1/天安门在上海/爸爸是奶奶的孙子/珠穆朗玛峰是

世界最高峰/自行车骑我上街/黑板是白色/梯形是四边形/塑料脸盆是铁做的/月亮从东边升起来又从西边落下去

（3）教师点评：要想使自己的头脑灵活反应快，可以经常开展这些智力活动，训练自己思维的敏捷性。

2. 活动：找不同

（1）（出示图片）看谁找得又快又准！

（2）讨论：为什么有些同学可以找得又快又准，而有的同学却做不到？

（3）教师点评：在日常生活中不断训练自己的思维，你的头脑会变得更灵活，你的思维会更敏捷！你能做到吗？

三、 团体工作阶段： 突破思维常规

1. 挑战 A：打破常规

教师引导：同学们真是不简单，每个人都思维敏捷，反应迅速，顺利通过了第一关。下面即将迎来第二个挑战，你们有没有信心取胜？

（1）看谁答得快。

篮子里有四个苹果，由四个小孩平均分。分到最后，篮子里还有一个苹果。请问：他们是怎样分的？

（学生自由抢答）

有一户人家有两个女儿，两个妈妈，你认为这户人家至少有几个人？

（学生自由抢答）

同学们反应真快！下面老师奖励你们玩个游戏。

（2）游戏："行口令"。

游戏规则：学生们快速地报数，教师指定了某个数后，报到这个数的学生不能说出这个数，下面的同学要快速地接下去，如此循环即可。

游戏过程：

全班同学开始报数，3 的倍数不能说，开始！

4 的倍数不能说，开始！（出错的同学站出来向全体同学鞠躬）

（3）全班分享：你觉得玩这个游戏为什么会经常出错？

生 1：习惯性思考时容易出错。

生 2：注意力不够集中时容易出错。

生 3：反应不快时容易出错……

师：对了，前面我们组织的活动和游戏，就是为了要训练我们跳出思维定式的怪圈，让我们自己的思维变得更敏捷！

（4）启示：打破常规的思考，往往能出奇制胜，你做到了吗？

2. 挑战 B："思维风暴"

教师引导：你们怎么能这么轻而易举就闯过两关呢？看来你们还真有"哥尼斯堡国"公民的灵气啊！现在还有最后一关，看谁能想得又快又好！

（1）活动一：切蛋糕。

小华过生日，来了 7 位同学，一共 8 个人。一位同学给小华出了个小题目：只许小华切 3 刀，就要把蛋糕分成均匀的 8 块。小华该怎么办？

学生小组合作寻求答案，看哪个小组成员的脑子转得快，合作得好！

抢答后，教师表扬思维敏捷、动作迅速的小组。

（2）活动二：青蛙换边运动

游戏规则：三分钟内让左右两边的青蛙交换位置（时间越短越好）。

3. 教师点评

你们敏捷灵活的思维，积极认真的学习态度，协力合作的团队精神，这一切都让老师感动。我为有你们这么优秀的学生而感到自豪！表现优异的同学都能领取一张"哥尼斯堡国"的通行证！

四、 团体结束阶段： 延伸训练

1. 教师引语

同学们，"思维训练营"的招募就要结束了，但我们的思维训练任务却是从现在才开始的，我们的训练就在生活的点点滴滴中进行，只要你能坚持不懈地训练，你一定会成为一个思维敏捷的人。

2. 投影出示作业

每天选择其中的一项进行思维小训练，以活跃自己的思维，让自己成为一个思维敏捷的人。

找不同	唱反调游戏	脑筋急转弯	找错	思维训练题
1~2 幅图	5 分钟	3~5 道	1~2 幅图	2~3 道

活动反思

本节心育活动课通过创设富有故事性的课堂氛围，激发学生的学习兴趣，消除了他们的拘束感，使团体活动在轻松、快乐的环境中逐步深入。整个活动过程学生参与热情非常高。一开始通过氛围营造，就把学生带入到了"思维训练营"的情境中。再根据四年级小学生尚处于从形象思维向具体抽象思维过渡的心理特点，精心设计了形式各异的思维小游戏与小活动，充分调动了学生的参与热情，并激发了他们讲求效率的竞争意识，活跃了他们的思维，让他们在感受到快速思维带来的神奇的同时，培养他们从多角度思考问题的能力，并学会对思维的方法、过程和结果进行反思，从而达到我们设定的辅导目标。随着层层挑战的深入，思维要求逐渐由简到难，学生也逐渐体会到了思维的敏捷性对学习的重要性。他们渐渐明白：别人能思维灵活、敏捷，并不是他们生来就比我们聪明，只要我们能掌握方法，勤加练习，我们也能成为一个思维敏捷的人。因此，我在课堂中还特地增加了延伸训练活动，让学生进一步感悟：只要思路正确并坚持不懈，自己也能成为一个思维敏捷的人。

（浙江省杭州市西湖府苑小学　徐美庆）

才思敏捷改春联

明朝有个著名的学者，名叫解缙。他小时候家境贫寒，靠爹娘卖烧饼、做豆腐维持生活。一家人省吃俭用，勉强攒下一点钱供他读书。解缙5岁上学，7岁能诗，聪明过人。有一次，在大年三十那天，7岁的解缙在院门上贴了一对春联："门外千竿竹，屋内万卷书。"对仗工整，文笔端庄，吸引了全村的读书人。可那门外千竿竹，却是财主家的竹林子。财主见穷人比他还神气，憋了一肚子气，竟派人把竹林砍掉了，想当场给解缙一个难看。解缙当然明白财主的用心，立即拿来笔砚，在春联下方又添了两个字，变成"门外千竿竹短，屋内万卷书长"。财主见了，更为恼火，干脆叫人把竹林连根刨掉了。心里想，这回看你这个毛孩子还有啥咒可念的！可是，聪明的解缙连想也没有多想，在春联下方挥笔又添了两个字，这对联就变成了——"门外千竿竹短命，屋内万卷书长存"。

这件事说明解缙的才思相当敏捷。

（刘希平：《学会思维》）

活动专题8 | 我能"脑筋急转弯"（思维灵活性）

【活动参考目标】

1. 了解与理解

（1）了解思维灵活的人往往迁移能力强，能够举一反三、善于变通。

（2）懂得在问题面前要能够做一只"会拐弯的毛毛虫"，不因循守旧，只有突破固有的思维定式，才能让脑子变得更加灵活。

2. 尝试与学会

（1）尝试变换角度考虑问题，改变解决问题的视角或切入点，打破思维定式，使思维更有变通性。

（2）尝试根据某一种解决问题的思路和方法，去解决其他类似的新问题。

3. 体验与感悟

（1）体验突破思维定式带来的"思维跳跃"和"豁然开朗"的心灵快感。

（2）感悟思想火花的"迸发"源于各种不同观点的不断"碰撞"。

【活动参考课例】

做一只"会拐弯的毛毛虫"
——我能"脑筋急转弯"

活动理念

目前，在中小学当中学生思路狭窄，因循守旧，人云亦云、随大流的现象普遍存在。此次心育活动课以"毛毛虫实验"为发散点，旨在鼓励学生大胆、灵活地思考问题，勇于打破解题常规，敢于突破思维定式，做一个思维灵活变通的孩子。

小学生的思维发展特点随着年龄增长而逐年变化，而四年级学生思维品质的提升最为显著，尤其是思维变通水平，显著高于三年级和五年级，因此小学四年级是进行思维灵活性训练的最好时机。

活动准备

演示课件；一块可以折叠的硬纸板（上面分别贴有一幅相同的外国人头像）；6~10枚鸡蛋；每人一张B5白纸；7只透明杯子，其中3只杯子装有带颜色的水；制作带有当地人文气息的奖励卡片。

一、 团体热身阶段： "思维包围圈"

1. 小游戏："神秘人物"

（以黑板为中心，全班同学分成左右两个组，坐在教室的两侧，分别来观察一幅神秘人物的画像。）

教师拿出一个画框（画框的正反两面分别画有同一个人物的画像，画像上写着人物不同的身份：正面的人物像为"科学家"，反面的同一人物像为"罪犯"），并将画像直立起来，然后举在手中缓慢通过教室中间的过道，将画像的正反两面分别展示给左右两侧的学生观看。

（1）教师提问：观察神秘人物的眼睛和神情，你发现了什么？你可以描述他的外貌，也可以描述他的心理活动，但是不能直接说出他的身份。

（2）学生发言。（看到"科学家"身份提示的学生，可能会用"思考"、"智慧"、"研究"、"贡献"等词汇描述人物；看到"罪犯"身份提示的学生，可能会用"凶恶"、"狡猾"、"忏悔"等词汇描述同一人物）

2. 揭示神秘人物的真相

（1）教师引导：同学们的表现都很棒，把人物的内心活动刻画得淋漓尽致。（将画板正反两面的同一人物给全班展示）想一想，为什么同样的一幅画你们却有截然不同的说法呢？

（2）教师点评：是画像上的提示语，束缚了我们的思维，禁锢了我们的大脑，形成了一个"思维包围圈"，使大家不由自主地顺着提示语的思路想下去，这就是我们平时经常说的思维定式。那么，思维定式对我们的学习和生活又有哪些影响呢？科学家们曾经做过很多的实验加以探究，"毛毛虫实验"就是其中之一。

二、 团体转换阶段： "毛毛虫"的启示

1. 播放 flash 动画及录音

法国心理学专家约翰·法伯曾经做过一个著名的"毛毛虫实验"。实验过

程是这样的：把许多毛毛虫放在一个花盆的边缘上，首尾相连，围成一圈，并在花盆周围不远处撒了一些毛毛虫比较爱吃的松叶。毛毛虫开始一个跟着一个，绕着花盆的边缘一圈一圈地走。一个小时过去了，一天过去了，又一天过去了，这些毛毛虫还是夜以继日地绕着花盆的边缘在转圈，一连走了七天七夜，它们最终因为饥饿和精疲力竭而相继死去。

约翰·法伯在做这个实验前曾经设想，毛毛虫会很快厌倦这种毫无意义的绕圈而转向它们比较爱吃的松叶，遗憾的是毛毛虫并没有这样做。造成这种悲剧的原因就在于，毛毛虫总习惯于固守原有的习惯、先例和经验，因而为此付出了生命。其实，如果有一条毛毛虫能够破除尾随的习惯而转去觅食，就完全可以避免悲剧的发生。

人的思维也一样，人一旦形成了思维定式，就会习惯地顺着固有的方向思考问题，不愿也不会转个方向、换个角度想问题，这是很多人的通病。

2. 分组讨论

（1）听了这个故事，你有什么想说的？

（2）如果你就是其中一只毛毛虫，你会怎么做？

（3）教师点评：在对这次实验进行总结时，法伯在笔记本里写了这样一句话："毛毛虫中如果有一只与众不同的话，它们就能够马上改变命运，告别死亡。"法伯在这里所说的"与众不同"，就是指不盲目跟从别人，能灵活地变通思路，探寻出新的突破口和思维通道。也就是说，要做一只"会拐弯的毛毛虫"。

三、 团体工作阶段： 突破 "思维包围圈"

教师引导：那么，你是一只"会拐弯的毛毛虫"吗？

老师这里有一组活动，看你能否突破"思维包围圈"，多角度思考问题，灵活地解决问题。老师还制作了一些有"灵气"小书签，来奖励善于思考、充满灵气的"会拐弯的毛毛虫"。

1. 立鸡蛋

（1）请同学们把鸡蛋立在桌面上。（注意：不能借助任何物体）

（请组长把信封中的鸡蛋拿出来，听口令开始。一分钟后叫停，让完成任务和没有完成任务的同学分别说说原因）

（2）教师点评：同学们真棒，敢于打破常规，为自己鼓鼓掌吧！

2. 让线段变短

（1）（在黑板上画一条线段）请你在不改变原线段的基础上使线段变短。

（2）请第一个想出办法的同学说说做法和想法。

（3）教师点评：长短都是相比较而言的，因此在不改变原线段的基础上，我们只能创造出另一条更长的线段来，就能让它变短了。你们真是会思考、脑筋能够"急转弯"的孩子，真了不起！

看来你们真的很聪明，还愿意接受挑战吗？

3. 巧动杯子

（1）（教师出示图片）之前杯子是这样摆放的：

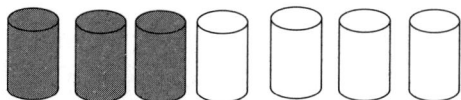

请你移动 2 只杯子，变成这样的排列顺序（出示图片）：

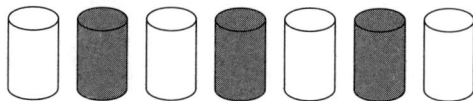

（2）教师点评：解决问题的办法不止一个，只要我们广开思路，多角度思考问题，就能体验到更多获得成功后的快乐。

4. 大脑"接力赛"

（1）规则：以四人小组为单位进行接力比赛。（课件出示）给你一个半圆和一条直线，请变通视角和思路，组成各种有意义的图案。

（2）学生独立思考，并将想到的图案简单画下来。

（3）小组合作，把想到的图案"串联"起来，"一棒一棒"往下传。

（4）以小组为单位在全班进行交流，比比哪组的"接力"图案更有新意。

（5）在你们组成的各种图案中，选取 1~2 个组合成一个有趣的故事。比一比谁编的故事最吸引人，最与众不同。

（6）教师点评：每个人都想变得更聪明，那就带着你的大脑去做游戏，去做运动，去突破"思维包围圈"！你可以经常从不同的角度去想问题，多问几个"为什么"，经常问问自己"我还有其他更好的想法吗"，那么，相信我们每个人都会变得越来越聪明的!

四、 团体结束阶段： 脑筋常转弯

1. 思维小游戏

（教师出示 PPT 课件）

①一个婆婆吃苹果，她每天看到哪个苹果烂掉了一部分就先吃哪个，结果她每天都在吃烂苹果。

②怎样才能快速地把冰变成水?

③一个人用装有蓝墨水的钢笔，写出了红色的字，这是怎么回事呢?

（1） 请你在小组里针对这几道题目说说自己的想法，互相交流一下。注意：答案可不是只有一种哦!

（2） 各小组推荐一两种最新颖、最有意思的想法，说说推荐理由。

（3） 教师点评：变换一下思路，从其他角度去思考，也许你会豁然开朗。

2. 教师小结

在我们今后的学习和生活中，可能会遇到许许多多的难题，但只要我们能突破"思维包围圈"，敢于打破常规去思考，做一只"会拐弯的毛毛虫"，就一定能让自己的脑子变得更灵活，那就不仅能够解决好各种难题，而且会享受到学习和生活中的种种乐趣!

活动反思

我们在本课设计中采用学生喜欢的思维游戏、智力活动、flash 动画等形式，一步步引领、吸引学生参与，使学生逐步感受到，思维的灵活变通会给自己的学习生活带来许多惊喜和乐趣。一开始的"神秘人物"思维热身游戏，提出了突破"思维包围圈"的重要性。而团体转换阶段呈现的有关"毛毛虫实验"的 flash 动画，给学生留下了极为直观的印象，让"脑筋常转弯"的理念深深地留在了学生的脑海里。团体工作阶段采用了四个游戏和活动，从简到繁，由浅入深，尽可能地照顾到中年级学生抽象思维水平的"最近发展区"，让学生"跳一跳、够得着"，不挫伤学生参与思维活动的积极性。最后的思维小游戏引发了学生对思维要"常游戏"、"常运动"的浓厚兴趣，预示着这一节心育活动课必将激发学生在课外参与思维训练的热情。本节课的不足之处是，有一部分同学虽然参与了活动，但是无法深入其中进行体验。因此，如何把握好设计素材的思维难度，是需要在以后的思维训练活动课中进一步加以探索的。

（河北省邯郸市邯山区文教体局　田红芳

浙江省嘉兴市南湖国际实验学校　冯　霞）

【活动参考资料】

体验思维灵活的魅力

1. 在名人故事中体验

（幻灯片出示）

清代的刘墉以敢于直谏而著称于世，也正因为这一点，他经常得罪皇帝。一次刘墉冒犯了皇帝之后，皇帝就想要他的命，于是就写了两个"死"字做成"阄"让刘墉抓，不管刘墉抓到哪个阄都是一个死。这一点机智过人的刘墉早想到了，他打破惯性思维，随便抓了一个阄就吞了下去，等皇帝的随从把另一个阄打开看时，是一个"死"字。那么按照常理，被刘墉吞下的字肯定就是"生"了。皇帝无奈，只好当庭将其赦免。

讨论：这个故事告诉我们一个什么道理？（生活中很多时候，如果我们能改变惯有的思维方式，就能出其不意，反败为胜）

2. 在具体情境中体验

（幻灯片出示）

一个化学实验室里，一位实验员正在向一个大玻璃水槽里注水。水流很急，不一会儿就灌得差不多了。于是，那位实验员去关水龙头，可万万没有想到的是，水龙头坏了，怎么也关不上。如果再过半分钟，水就会溢出水槽，流到工作台上。如果浸到工作台上的玻璃器皿，便会立即引起爆裂。里面正在进行化学反应的药品，一遇到空气就会燃烧，几秒钟之内就能让整个实验室变成一片火海。实验员们面对这一可怕的情景，惊恐万分，他们知道，谁也不可能从这个实验室里逃出去。那位实验员一边去堵住水龙头，一边绝望地大声叫喊起来。这时，实验室里一片沉寂，死神正一步一步地向他们靠近。

（1）畅所欲言：如果当时你也在实验室里，你会怎么做？

（2）故事续写（幻灯片出示）：

只听"啪"的一声，在一旁工作的一位女实验员，将手中捣药用的瓷研杵猛地投进玻璃水槽里，将水槽底部砸开一个大洞，水直泻而下流到地上，实验室一下转危为安。

（3）教师点评：这就是逆向思维，运用逆向思维不仅能解决生活中的问题，而且很多发明创造都和它有关。同学们课后可以搜集相关资料做些了解。从这些资料中，你或许能感受到更多的灵活思维的魅力。

（浙江省杭州市西湖小学教育集团文新小学　吕　霞）

逆向思维法和转换思维法

1. 逆向思维法

（1）高尔夫是许多人喜欢的体育运动，但是高尔夫球场的要求很高，占地面积很大，草坪质量高，造价十分昂贵，普通老百姓难以涉足。那么能不能在普通的水泥地上打高尔夫球呢？

（2）学生小组合作，比赛"金点子"。

（3）有人想出了绝妙的主意——普通的高尔夫球在草地上滚与带"毛"的高尔夫球在水泥地上滚不是差不多吗？于是就有人发明了带"毛"的高尔夫球。

（4）教师点评：这就是"逆向思维"在生活中的具体应用。

2. 转换思维法

（1）谁能说一说"曹冲称象"的故事？

（2）学生分小组讨论，曹冲取得成功的原因。

（3）教师点评：曹冲之所以能成功，是因为他转换了角度考虑问题，用"石头"的重量来代替"大象"的重量。当我们遇到一个难题无法打开思路的时候，可以改变思考的角度，让思维转向畅通。

（浙江省杭州市西湖小学教育集团文新小学　傅余霞）

活动专题9

我能"沙里淘真金"（思维聚合性）

【活动参考目标】

1. 了解与理解

懂得在面对错综复杂的问题时，要从容应对，抽丝剥茧，才能得出正确的答案。

2. 尝试与学会

通过问题情境激活思维，学会抓住问题的根本，以提升聚合思维能力。

3. 体验与感悟

体验层层"剥茧"、探究真相的快乐。

【活动参考课例】

智力探宝
——我能"沙里淘真金"

活动理念

在日常教学活动的问题情境中，学生面对众多的要解决的问题，往往需要找出一个最优的方案，这个深入思考探索的过程就如同"沙里淘金"一样，需要付出很大的努力，这就是所谓的"思维的聚合性"，它显示了学生思维品质的高低。本节课的各项训练活动就是围绕着思维的"集中指向"与"聚合"来展开的。

图片、资料；多媒体课件。

一、 团体热身阶段："砰！"、"砰！ 砰！"

1. 游戏规则

同学们，我们先来做一个游戏。请听清楚要求：老师说："砰！"你们就要说："砰！砰！"老师说："砰！砰！"你们就要说："砰！"老师说："砰！砰！砰！"你们就要击两下掌。老师说："砰！砰！砰！砰！"你们就要大叫："啊！"

2. 开展游戏

教师小结：大家很活跃哦！思维被激活了！

二、 团体转换阶段： "两眼找答案"

1. 出示测试题

（出示题目：8978×6458）

不计算，你能从以下的答案中找到正确的答案吗？

57979924   689764   672745674   76478358

2. 小组交流反馈，派代表参赛

3. 教师点评

同学们，你们从这个活动中体会到了什么呢？在解决问题时，我们要经过判断、推理、思考的过程，才能寻找出正确的答案。

三、 团体工作阶段： "过关寻宝"

同学们，（出示沙漠的图片）在这茫茫的沙海里，蕴藏着丰富的宝藏，你们想把它们找出来吗？这节课我们就一起到这片沙漠当中寻宝。

1. 寻宝第一关——"找碴儿"

（1）我们都知道，沙漠里有种动物是骆驼。它说了，如果我们想让它带路，必须跟它一起做"找碴儿"的游戏，如果顺利通过它才愿意走，你们有信心吗？（出示右图）

（2）学生看图"找碴儿"。

（3）教师点评：看来我们同学的眼力都非常好，这么好的眼力，再加上你们的智慧，就算金子混在了沙子里，相信你们也能把它们找出来。

2. 寻宝第二关——"抓小偷"

（1）这时，我们突然发现前方有四个人在争论，上去一问才知道他们带的水不知道被其中哪一个人偷走了。好心的我们当然想帮他们找出说谎的人。

甲说："小偷在乙、丙、丁之中。"

乙说："是丙偷的。"

丙说："在甲和丁中间有一人是小偷。"

丁说："乙说的是事实。"

经查，四人中有两人说了假话，两人说了真话，你能找出真正的小偷吗？

（2）谁能找出小偷？

（3）教师点评：刚刚你们通过分析、判断、推理，找出了小偷，而生活中有许多问题，也需要你们具备这种面对问题沉着应对的能力。

3. 寻宝第三关——辩论会

（1）在沙漠里走了一天，不知不觉天黑了，我们需要用火柴点起一个火把照明，可是火柴说只有做对了它的题目，它才愿意给我们带来光明，我们看看它为我们出了什么题目吧。

有一只老虎，肚子里有草莓，是不是说明它不仅吃肉，而且也吃素呢？

（2）现在我们就来开个小小的辩论会。

（3）教师点评：在考虑问题时，我们不能被一些假象所迷惑，我们要刨根究底，找到问题的本质。

4. 寻宝第四关——"奇怪的金字塔"

（1）现在我们面前出现了一座奇怪的金字塔，金字塔前有个提示：只有填对了塔尖的问号，它才会倒过来让我们进去寻宝。

194837265
5627384
43765
564

只有答对了塔尖的问号，它才会倒过来让我们进去寻宝。

（2）教师点评：我们一层层分析下来，才能正确找到金字塔的规律。生活中许多问题都需要我们抽丝剥茧，逐步揭开谜底。

5. 寻宝第五关——"芝麻开门"

（1）经过千辛万苦，我们终于来到了金字塔的门前，我们相信财宝肯定就在里面，可是金字塔的门怎么推也推不开，这时我们才发现，门上写着：

有三只白球三只黑球分别放在了三个盒子里，每个盒子里有两只球，一个盒子放两只白球，一个盒子放两只黑球，还有一个放一黑一白。盒子上面特意贴了标签，可是因为疏忽，标签都贴错了，你只拿出一只球就猜出了三个盒子里分别放着什么球。那你拿出的是哪个盒子里的一个球呢？

让我们各小组来比一比，看哪个小组能快速找出答案。

（2）说说游戏之后的感受。学生自由发表意见（学会分析、学会动脑等）。

（3）教师点评：虽然我们相信这样的题目对于许多聪明的人来说，根本不需要动手操作直接动脑就能得出答案，但是要想成功并不是光有智慧就行了，还要肯钻研。

四、团体结束阶段："探宝"启示

1. 小组交流

（1）在"隆隆"声中，门打开了，我们看到里面堆满了珠宝，真是不虚此行啊！谁来说说，是哪些品质让我们找到财宝的？

（2）全班分享：合作、耐心、坚持不懈、深入思考、智慧……

2. 教师小结

生活中许多事都有无数个可能，我们从学校走回家里，也有许多条路可以选择。但如果要寻找一条最合理的捷径，就需要我们慢慢了解每一条路径，通过比较，找出最合理的路线。即使一开始你并没有走最近的路，但是"试错"之后你就不会再走冤枉路了。希望同学们能记住这节课带给我们的启示。

活动反思

为了提升课堂效果，引起学生的兴趣十分重要。在反复琢磨之后，我设计出了"沙漠寻宝"这条主线，以此串联整堂课，让学生能在积极主动的状态下参与到课堂的每一项思维训练中。在活动中，我十分注意学生的主体地位，尽量避免自己过多的提示和引导，让他们能自己慢慢摸索着走出一个又一个迷宫，因为只有这样他们才能体会到快乐，才能更加积极地独立思考、自主探究。活动过程中孩子们劲头十足，因为是采取小组讨论，因此又带有那么一点比赛的味道。孩子们纷纷开动脑筋，深入思考，最终成功化解了一个个难题。尽管事后我发现自己的这节心育活动课仍有许多不足，但是我为自己迈出的这第一步感到庆幸，相信自己能跟着前辈们的步伐越走越自信。

（浙江省嘉兴市南湖国际实验学校 冯 艳）

【活动参考资料】

聚合思维如同层层剥笋

聚合思维如同层层剥笋。我们在思考问题时，最初认识的仅仅是问题的表面，是很肤浅的东西。然后，层层分析，向问题的核心一步步靠近，抛弃那些非本质的、繁杂的特征，以便揭示出隐蔽在事物表象后的深层本质。

柯南道尔曾借助神探福尔摩斯的嘴说道："凡是异乎寻常的事物，一般都不是什么阻碍，反而是一种线索。在解决这类问题时，最主要的事情就是能够运用推理的方法，一层层地回溯推理。"

我国学者王国维在其传世佳作《人间词话》中说："古今成大事业、大学问者，必须经过三种之境界。"哪三种境界？他选用了三句古词来加以描述：

"昨夜西风凋碧树，独上高楼，望尽天涯路。"此第一境也；

"衣带渐宽终不悔，为伊消得人憔悴。"此第二境也；

"众里寻他千百度，蓦然回首，那人却在，灯火阑珊处。"此第三境也。

上述的第一句即第一境界，意为"悬想"；第二句为第二境界，对应"苦索"；第三句乃"顿悟"之意。

（谭湘：《改变一生的 32 种思维方法》）

活动专题 10
我能"想法很奇特"（思维求异性）

【活动参考目标】

1. 了解与理解

（1）通过活动了解想法奇特的重要性，了解求异思维能让自己获得更多的信息、更多解决问题的方法。

（2）懂得让想法奇特，要突破思维定式，从不同的角度进行思考。

2. 尝试与学会

通过活动，尝试从不同角度思考问题，帮助自己找到想法独特的途径。

3. 体验与感悟

体验想法独特的无穷魅力，激发追求求异思维的兴趣，感受由此带来的快乐和自信。

【活动参考课例】

思维万花筒

——我能"想法很奇特"

小学四年级的学生正处在儿童期的后期阶段，大脑发育正处在内部结构和功能完善的关键期，逐渐由具体形象思维过渡到抽象逻辑思维。因此，此时是培养学生学习能力、思维能力特别是求异思维能力的最佳时期。如果注意开展长期的思维训练，就能使他们的思维变得更活跃，想法更具独特性。而以心育活动课的形式来开展求异性思维的训练，恰好可以营造一个轻松、愉悦的活动氛围，让孩子们在愉快的游戏、实践活动中积极探索，大胆思考，以便激励他们在广阔的思维空间中自由驰骋。

活动准备

公仔玩具等；座位排列：5~6 人一组，每组 1 张课桌，呈马蹄形围坐。

活动过程

一、团体热身阶段：大脑做体操

1. 游戏规则

我们来做一个游戏，请听清楚游戏规则：在你们的课桌上，有一个信封，里面有一道题，在一分钟内，写出答案最多、想法最奇特的小组获胜。

2. 游戏过程

小组成员各自在纸上写出问题的答案。（时间 1 分钟）

3. 游戏反馈

（1）请小组成员将答案汇总，并在不重复的内容上标号，计算数量，并推荐一人汇报。全体师生评选出答案数量最多且想法最奇特的小组，奖励小组成员公仔玩具。

（2）教师点评：看来要想在短时间内，让自己的想法很奇特也不是一件简单的事。

二、团体转换阶段：魅力与灾难

1. 诗意的回答

（1）教师提问：雪融化了以后是什么？

（2）教师点评：一般同学的答案都是水，还有谁有与众不同的想法？（如，"雪融化了以后是美丽的春天"等）你喜欢这个答案吗？为什么？

2. "克隆"是祸是福

（1）如果我们人类也被克隆了，将带来什么后果？

（2）假如发明了一种克隆技术，不是克隆一个人外在的容貌，而是克隆人类的思维，大家的想法都一模一样，又将给我们带来什么后果？

（3）教师点评：如果人类的想法都一样，一成不变，那么灾难将降临这个世界！

三、团体工作阶段："思维万花筒"

1. 数字分分类

（1）出示要求："1~9"共9个数，请你把它们分成两类，你会怎么分？

（2）学生分类。

（答案可能包括：按奇数、偶数来分：1、3、5、7、9一组，2、4、6、8一组；按质数、合数来分：4、6、8、9一组，1、2、3、5、7一组）

（3）如果让你将9个数字分成三类，你会怎么分？

（4）学生交流并说出理由。

（5）教师点评：答案当然不止一个。有一个小朋友是这样分的："1、3、7、8"一组，"2、4、6"一组，"5、9"一组。你们知道他为什么这么分类吗？（谜底：按数字读音的声调来分类的）

2. 圆圈画一画

（1）教师出示一个圆，请学生思考：你觉得这是什么？把你想到的物体写下来，越多越好。（时间：1分钟。比一比，看谁的想法比较多，谁的想法最奇特）

（2）给圆圈任意添几笔，把圈变一变，你会画什么呢？

（学生自由创作）

展示并介绍自己的作品：画的是什么？怎么想的？

（3）规定全班画一个主题——大家都来画太阳，你会怎么画？

（学生自由创作）

展示学生作品：画的太阳有什么特点？如果和台上同学画的不一样，请上台展示自己的作品。

（4）我们要提高难度了，如果只能添一笔，你能想到画什么呢？

（比一比，谁的想法更奇妙）

3. "天马要行空"

（1）回忆一下，在《哈利·波特》系列丛书中，你觉得作者想法最奇特的场景是哪一个？如果要你也来写一写其中的故事，你最想写一个怎样的故事场景？在小组里简单说一说，然后全班来分享。（想法特别奇特的同学奖励公仔玩具）

（2）教师点评：同学们的想法真是天马行空啊，突破思维定式，就能让自己想法独特。

4. 设计重奇特

（1）现在如果请你们小组来布置一间既整洁又温馨的教室，你们会怎么布置？注意想法要奇特，并说明原因和具体操作方法。然后各小组到班上来"竞标"。

（2）各小组竞标。（想法特别奇特的奖励公仔玩具）

（3）教师点评：设计贵有奇思妙想。

四、团体结束阶段：盘点 "金点子"

1. 盘点 "金点子"

你们小组是如何得到这么多的公仔玩具的？有什么"金点子"？与全班同学分享一下。

2. 教师小结

思维是多变的"万花筒"。每天有1440分钟，哪怕你只用1%的时间来思考，也会形成一种思考习惯，习惯一旦形成，就会在"大同"的世界里创造"大不同"。

　　随着小学四年级学生身心的快速发展，他们的思维方式已逐渐由形象思维向抽象思维过渡，自我意识也已经开始觉醒，"人云亦云"的思维方式必将被独特的、充满个性的思辨所取代，这是教师必须时时牢记的学生年龄特征，也是我们在这一节心育活动课设计过程中的基本出发点。

　　在活动设计上，第一个环节是团体热身阶段，运用一则简洁而富有内涵的"智力叩问"题，直奔活动主题，拨动学生们思维的琴弦。第二个环节是团体转换阶段，让学生体验想法奇特带来的魅力，并撷取最新鲜的来源于生活的实例，启发学生思考，如果思维被克隆将是多么可怕的一件事。第三个环节是团体工作阶段："思维万花筒"，在一次次深入而有趣的活动体验过程中，特别是在"圆圈画一画"和"设计重奇特"的活动过程中，孩子们充分感受到每个人的思维方式不一样，行动的方式和结果也会不一样。只有多角度地进行思考，才能创造出多彩的生活。总结本课，旨在强化、巩固一种观念——让自己的想法奇特而富有魅力！这节课的实践证明，凡是体验性和操作性强的活动，学生的参与度都比较高。

　　　　　　　　　　（浙江省杭州市西湖小学教育集团　陆子瑜　郑丽华）

【活动参考资料】

奇思妙想源于生活

　　1. 听听阿基米德的故事，你一定会有所启发。

　　阿基米德是古希腊伟大的科学家，他从小就喜欢听故事，这极大地激发了他的奇思妙想。他还喜欢听别人对某个问题的争论，并且敢大胆说出自己的想法。每天，都有许多疑问在他的脑子里转悠："为什么大海总是咆哮不停？为什么大船会浮在海面上行走？……"有时他的小脑袋瓜里还会迸发出一些奇妙的新想法。有一天，他看见农民们正把尼罗河里的水运到高处灌溉农田。他想：如果有一种东西，能让水自动地从低处向高处流，那该多好啊！于是，回到家里，他冥思苦想，反复测算，终于发明了螺旋抽水机，使水能从低处往高处流，这在当时真是一个了不起的奇迹！后来，阿基米德还创立了著名的关于浮力的学说"阿基米德定律"，他也被后人誉为"力学之父"。

2. 听了故事，你有什么启发，和同组的小朋友说一说，然后在全班分享。

3. 教师小结：我们在日常生活中也要像阿基米德那样，勤观察，多思考，同时还要掌握渊博的知识，打开思路，做生活中的有心人，这样我们也能像阿基米德那样，成为有创造力的人。

（浙江省杭州市西湖小学教育集团　袁淑芬）

活动专题 11 | 我能"思路比天宽"（思维发散性）

【活动参考目标】

1. 了解与理解

（1）通过活动，了解思维的多元性，了解发散性思维也能让我们变得更聪明。

（2）理解解决问题的思路是无拘无束的，想问题越大胆越好。

2. 尝试与学会

（1）以解决问题为目标，尝试让自己的思路更开阔、更发散。

（2）通过活动，学会如何从不同角度去思考、解决问题，拓宽自己的思路。

3. 体验与感悟

（1）感悟奇思妙想带来的快乐，让学生乐于思考、善于思考。

（2）体验"海阔凭鱼跃，天高任鸟飞"的思维自由。

思维展翅千万里

——我能"思路比天宽"

"思路",就是人们思考某一问题时思维活动进展的线路和轨迹。

学生思维能力的培养,可以从故事中来,可以从音乐中来,可以从体育锻炼中来,可以从游戏活动中来,可以从信手涂鸦中来……小学生往往喜欢以积极、愉悦的心情,学习如何拥有敏捷、开阔的思维;如何在遇到问题时,做到巧出奇招。因此,在小学四年级前后,我们要抓住个体智力发展的第二个高峰期,加强思维训练,引导学生在面对问题时能从不同的方面、不同的角度、不同的层次去看,让学生有更多的思考方案,有更多的解决策略。

每组 1 个小纸箱、1 盒火柴、1 个信封、1 把剪刀;每人自带鸡蛋壳若干;水彩笔;录像片段。

一、团体热身阶段:奇妙的手影

1. 玩一玩

(1)老师先用手比拟出一个动物影子,让学生猜是什么动物。

(2)以小组为单位,学生自己玩。

(3)学生自愿上台表演给全班同学看,并说说自己是怎么设计出来的。

2. 教师点评

同样的一双手,就因为我们各自的思考角度不同,就创作了这么多不同的手影画。真是"没有做不到,只有想不到"啊!

二、 团体转换阶段： 就是不一样

1. 听一听

（1） 播放歌曲《忐忑》和胡松华的《赞歌》片段。

（2） 教师引导：同样是没有歌词的两首曲子，你听出了什么区别吗？

（学生自由回答，答案不重要，让孩子产生好奇心，能专注去听就行）

2. 想一想

（1） 假如给你一个纸箱，请你想一想，你可以用它来做什么？

（2） 把你的想法告诉组里的同学，再商量一下，看看有什么新的想法。

（评出最有趣的想法）

（3） 教师点评：同样是没有歌词的歌曲，同样是一个纸箱，为什么会有刚才那么多不同的答案呢？人的大脑怎么能有那么不一样的思维呢？你们的回答让我感觉，你们的思想仿佛插上了一对五彩的翅膀，你们对待问题的思路，真是"条条道路都宽广"呀！

三、 团体工作阶段： 看谁思路宽

1. 猜一猜

（1） 看看这几则广告，说说妙在哪里。

（教师出示几则广告，请大家猜猜是什么产品的广告。小组交流一下自己的理解和感受）

我的地盘我做主。

人类失去联想，世界将会怎样？

今年过节不收礼，收礼就收脑白金。

公益广告：节约水资源，保护地球母亲。

公益广告：破坏森林，就是破坏人类的肺。

公益广告：红丝带，让爱传出去。

公益广告：别让孩子在餐桌上认识它们。

（2） 教师点评：真是"思维插上翅膀，世界真不一样"啊！

2. 摆一摆

（1） 下面这道题，就来考考你们解决问题的思路能不能发散一点。

教师发给每个小组1盒火柴，让学生模仿老师摆出两个杯口向下的杯子（如右图）。要求学生只移动5根火柴（其他都不动）使杯口朝上。

（学生摆一摆，做一做）

（2）教师点评：我们若是按照常规的思路，要把火柴放到上面去，就要移动很多根火柴，所以，我们要打破常规的思路才能达到要求。

3. 用一用

（1）教师引导：咱们继续玩个游戏，以小组为单位比赛。

题目：假如你有一支铅笔，你能用它做什么？想出用途最多的小组获胜。

（2）教师点评：一支普普通通的铅笔，却有这么多用途。原来同一件事物，从不同的角度去看，就会有不同的结果。所以我们应该学会多角度考虑问题，这样我们的思路就更宽了。

4. 改一改

（1）接下来看咱们哪个小组更会想"金点子"，想出的"金点子"多。

汽车虽然给我们带来不少便利，但还有哪些不足之处？

（给学生一定的时间后，分组进行展示）

（2）教师点评：其实我们身边有许多地方都值得我们去思考。苏轼在他的诗中就写过"横看成岭侧成峰，远近高低各不同"，所以，要想将事物看得更全面些，让自己的思路更开阔些，咱们就应该变换着角度想。

5. 剪一剪

（1）教师出示题目：一个长方形的信封，剪去一角后，还剩几个角？

（2）学生以小组为单位进行比赛，最后派一名学生在投影前演示。

（教师提醒：在观察、操作的时候，要从各个角度全面考虑。学生交流答案并操作演示）

（3）教师点评：其实，我们往往只考虑了其中的一方面，而忽略了另一方面。当剪刀的刀刃不是直线，而是由许多凹凸的纹样组成时，剪出的图形就是各种各样的了。所以，思考的时候一定要认真、仔细、多角度。

四、 团体结束阶段： "看不见的翅膀"

1. 画一画

（1）学生用水彩笔或者颜料在鸡蛋壳上画画，再说说自己的内心感受。

（2）学生展示作品，说出创作意图和思路，解释图画。其他学生给予补充。

2. 教师小结

（1）短短一节课，我们玩了这么多游戏，开心不必说，你最大的收获是什么？

（2）老师想告诉你们的是，只要我们勤动脑，我们的思路就会像你刚才歌中唱的那样："我终于看到所有梦想都开花，追逐的年轻，歌声多嘹亮……让梦恒久比天长，留一个愿望让自己想象。"

活动反思

这是一次大胆的尝试，也是一堂让学生完全放松、完全放开、完全投入的心育活动课。一堂课下来，学生和老师各有不同的收获和感悟，可谓"驰骋心育课堂，师生感受各不同"。

我能"思路比天宽"，是一个很难把握的主题，怎样让学生的思维更加活跃，让学生开动脑筋，积极思考，即"敢想"？怎样让学生打破常规去想，另辟蹊径去想，即"会想"？怎样让学生在学习生活中，遇事时能积极思考，通过想象、推测，大胆处理，即"能想"？

我们在课前琢磨了很久，课堂设计也反复酝酿、修改了很多次。我们的课堂预设，是想让学生通过由浅入深的游戏和活动，最大限度地激发学生的想象力，培养学生发散性思维的能力。

在这一节课里，学生虽然不像平时上课一样接受了新的知识，但是他们却接受了一次思维的启迪，让他们发现，原来积极地去思考，是那么有趣的一件事；原来用不同的方法去想，可以让自己想得更多、更新、更有意思。这样，孩子们会越来越爱想，越来越会想，越来越能想。真的喜欢把这样的课带给孩子们。

（浙江省嘉兴市南湖国际实验学校　周　婕　黄伟文

浙江省杭州市西湖小学教育集团　吴丽萍）

【活动参考资料】

会聚思维与发散思维

会聚思维是逻辑的、事实性的、传统的，而且集中于问题直至问题被解决。当你被要求回答一个代数问题时，你会使用你的会聚思维来提供一个答案。这一类型的思维听起来很熟悉。确实如此，大多数正规教育都强调对会聚思维的教授与评估。学生们被鼓励发现"正确的"答案。相反，发散思维组织更为松散，只受部分指导，而且是非传统的。与会聚思维不同的是，发散思维所产生的答案必须经受主观的评估。如果我们被要求列出一块砖头的用途，很可能我们写出的一些答案是非常独特的，而这些答案的"正确性"是不清楚的。在这一例子中，那些能够列出平常物体最新颖用途（不管这些用途明智与否）的人，被看成是最具有发散思维的人。换句话说，发散思维者更可能打破限制我们思维的心理定式。在我们的文化中，具有很好发散思维的人通常被看成是具有创造力的人。

（莱希：《心理学导论》）

活动专题 12

我能"从小爱幻想"（思维超前性）

【活动参考目标】

1. 了解与理解

（1）通过活动认识到幻想经常和愿望、理想结合在一起。

（2）通过活动了解幻想有时是通向创造发明的神奇之路。

2. 尝试与学会

尝试运用幻想积极思考，激活思维，更好地解决日常生活中的问题。

3. 体验与感悟

体验积极幻想给人带来的快乐情绪和积极上进的动力。

【活动参考课例】

我是"小孙悟空"

——我能"从小爱幻想"

活动理念

幻想是思维的一种重要形式，创造活动始于幻想。孩子天生就爱幻想，并总是和他个人的愿望相联系。尤其是四、五年级的孩子，他们的幻想正从具体形象思维向抽象逻辑思维过渡。我们应让每一个孩子舒展幻想的翅膀，让这天性得以充分的发展。在幻想中，启迪他们的心智，激发他们的灵感和创造力，让孩子们享受幻想带来的快乐。

活动准备

搜集一些有关自然灾害的事例，尤其是"3·11 日本大地震"的相关资料；《西游记》视频片段。

活动过程

一、 团体热身阶段： 重温 《西游记》

1. 《敢问路在何方》

教师出示《西游记》的图片或视频，和学生一起唱主题歌《敢问路在何方》。

2. "头脑风暴"

（1）学生分组讨论：目前我们所拥有的一切，哪些在《西游记》里都曾是幻想？

（全班讨论分享）

（2）教师点评：《西游记》的作者幻想神仙和妖魔鬼怪都能像鸟儿一样腾云驾雾，现在有了飞机；《西游记》的作者幻想虾兵蟹将进出龙宫，像鱼儿一样自由遨游，现在有了潜水艇；《西游记》的作者幻想嫦娥在月宫里的生活，现在，我们国家的"嫦娥一号"已经探测月球了，而美国早在40年前就实现了月球漫步；《西游记》里有"千里眼"、"顺风耳"，现在人们即使相隔万里，也能听得见对方说话，还可以在电脑上视频聊天……

二、 团体转换阶段："走近孙悟空"

1. "评说孙悟空"

（1）同学们都知道《西游记》讲了师徒四人西天取经的故事。那么这四人中你最佩服谁呢？

（2）刚才很多同学说到最佩服孙悟空，为什么呢？

（可能的答案："七十二变"；腾云驾雾；火眼金睛，识妖魔鬼怪……）

2. "孙悟空收徒"

（1）孙悟空要收徒弟了！但是他有条件，猜猜他会提出什么条件？

（学生讨论并发言）

（2）教师点评：把大家的意见归纳一下，孙悟空要求徒弟们必须"脑筋活、反应快、心眼好、能吃苦"。你们符合条件吗？好！老师要问你们："你有什么好办法让自己变成'小孙悟空'？"

三、 团体工作阶段："拜师孙悟空"

1. 学艺第一招：我要"变、变、变"

（1）结合孙悟空的故事，做个小游戏（出示课件）。

孙悟空拿起金箍棒就往妖怪身上打，没想到，妖怪摇身一变，变成了麻雀。孙悟空想：让你变，你变麻雀，我变（　　），你变鱼儿，我变（　　），你变兔子，我变（　　）。最终把你打倒。

（学生先在小组里说说空格处应该怎么填）

（学生边说边做动作，感受孙悟空变化的神速）

（2）教师点评：在快速的变化中，孙悟空终于将一个个妖魔鬼怪斩除了。老师知道你们也很想像孙悟空那样，具有超人的本领，去实现自己的梦想。

（3）老师也有一个梦想。（出示课件）

去年暑假的一天，我在家里看电视，看到这样一则新闻，说云南干旱，干裂的泥土在喊着："我要喝水！我要喝水！"第二天，我又看到了这样一则新闻，说甘南的舟曲突降暴雨，洪水咆哮着，淹没了农田与村庄，还引发了泥石流。

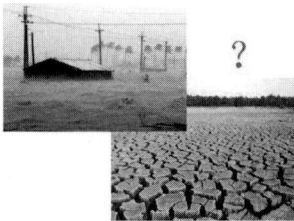

看到这截然不同的情景，同学们，此时你们最大的愿望是什么？你们猜猜看，老师这时最想变成什么来实现这个愿望呢？

（4）师生分享：这时老师最想变成具有超大能量的龙，把舟曲的水吸到干旱的地方去，让两边的人们都能过上幸福安定的生活！小幻想家们，在你们的生活中，你们又有着怎样美好的愿望呢？或者你曾经碰到过什么难题？那时的你有过怎样的幻想呢？让我们一起来分享吧！

（四人一小组交流；班内交流）

（5）教师点评：多么美好的愿望呀！如果这些愿望都能实现，这个世界将会多么和谐、美丽。

2. 学艺第二招：我要"腾云驾雾"

孙悟空会腾云驾雾，上天入海，一个跟斗能到天宫，又一个潜水能到海底龙宫。现在我们想去天宫怎么去？宇宙飞船。想去海底呢？潜水艇。人类这些幻想在近几十年里都已经成为现实。所以，人类幻想的力量是巨大的。今天我们也来腾云驾雾，你想到哪里去？

让我们穿越时空，来到2060年的未来世界。50年后的我们，生活上会有哪些变化呢？我们一起来大胆幻想吧！请你选择"衣、食、住、行"其中的一个方面画一画、写一写。

（学生在纸上画一画、写一写，班内交流）

3. "出师"考核：我是"小孙悟空"

刚才我们把孙悟空的两大本领都学到手了，现在我们就是"小孙悟空"了。让我们来考核一下，看看你这个"小孙悟空"的本领如何。

2011年3月11日，日本经历了一场9.0级的大地震。土地张开了恐怖的嘴，曾经美丽的家园满目疮痍；十米多高的巨浪，奔腾着，吞噬了城市里的一切。核电站一次次爆炸，核泄漏随时有可能发生。此时此刻，假如你就是"小孙悟空"，你有什么好办法保护我们的地球？

（班内自由交流）

同学们，这些都是你们美好的愿望。老师相信，通过你们的努力，人类一定能找到更多更好的方法拯救自己。其实，现在科学家们也正在积极地用科学技术拯救着我们人类，用生命探测器搜寻埋在废墟里的人们……

我们总有一天能让幻想成为现实。到那时，我们一定能更坚强、更自信地面对未来的一切挑战。

四、 团体结束阶段："展望孙悟空"

1. 神笔画画"续西游"

（1）教师引导：假如你手里有一支马良的神笔，请你结合科学幻想，大胆画一幅《续西游记》，想想孙悟空如果掌握了现代科技，他会有哪些新本领？会创造哪些新奇迹？

（2）学生画画，交流展示。

2. 教师小结

不知不觉快要下课了，但我们还沉浸在美好的幻想中，感受着幻想的力量。让我们一起来看一首赞美孙悟空的小诗：

孙悟空是一位幻想家，

他帮我们插上想象的翅膀；

孙悟空是一个百变王，

个个带着色彩斑斓的希望。

孙悟空把幻想送给他和你，

月月乘上飞船去见嫦娥阿姨；

孙悟空把幻想送给我自己，

挖条隧道找东海龙王借宝藏。

我们从小都爱孙悟空，

我们从小都爱幻想。

原来孙悟空身上凝聚着人类的梦幻，

原来梦幻里面珍藏的都是未来的理想！

上完这堂课，我们对学生展现出的创新思维能力感到十分惊讶。"孙悟空"这个幻想中的人物，给了学生自由幻想的空间。依托这个人物，孩子们的幻想也是能上天入地。最精彩的是教师创设的两个幻想空间，更是让孩子们自由驰骋在幻想的天地里。

例如，畅想 50 年后的人类将会是怎样的生活状态。有学生说："以后人类的鞋子有三个按钮，按其中一个，会有弹射力，人能飞到天空中；按另一个，鞋子就会展开变成蹼，人可以在水中遨游；按最后一个按钮，鞋子就恢复了原来的样子。"有学生说："以后人类的房子外面会有一层保护膜，能阻挡一些有害的光线与气体，同时具有记忆识别能力，起到保险的作用……"谁说孩子的幻想不能实现？

又如，教师以悲伤的语气回顾日本大地震令人震惊的一幕幕场景时，学生的历史使命感被激发。他们带着幻想描述着他们拯救人类的好方法，这是他们美好愿望的表达。有的学生说："我要把孙悟空的金箍棒插在海洋中，让海水不再翻腾"；有的学生说："我要变成一个球体，吸附空气中的有害物体，然后进行净化，放出干净的气体"；有的学生说："我要设计出一种药，人类吃了以后就可以像鱼儿一样用鳃呼吸，这样即使海啸来了，人类也不会淹死……"

我们被孩子们纯真的心灵感动着，惊叹于孩子们奇妙的幻想。幻想，这位有着美丽翅膀的天使，将人类带入一个充满梦幻的世界，让我们更爱我们的生活，更爱我们的家园！

（浙江省嘉兴市南湖国际实验学校　陈巧玲　杨　莹）

【活动参考资料】

幻想与超前反映的思维密切相关

想象与思维有密切联系，它们同属于高级的认知过程，都产生于问题情境，由个体需要推动，并能预见未来。人们在面对问题情境、需要未得满足时，常在头脑中出现需要得到满足和问题得到解决的情境，这种情境是对现实的超前反映，是对未来的一种预见。想象的预见以具体形象的形式出现，而思维的超前反映则以概念的形式出现。这就是说，人们面对问题情境时，头脑中可能存在两种超前系统，一种是形象系统，一种是概念系统。想象与思维也互相交叉。思维过程中有想象，想象过程中有思维。想象与思维有着密切的交互作用。

幻想是创造想象的特殊形式。与一般的创造想象比，幻想具有两个特点。第一，幻想带有向往的性质，幻想中的形象总是和个人的愿望相联系、体现个人所向往或祈求的事物。而创造想象所形成的形象则并不一定是个人所向往的形象。例如，作家创造的人物形象，有的是他喜欢的，有的则是他厌恶的。第二，幻想不与当前的创造活动直接联系，而是指向未来的活动，但它又常常是创造性活动的准备阶段。

具有进步意义和有实现可能的幻想是积极的幻想，它是创造想象的准备阶段和发展的推动力。当人们依据食物发展的客观规律来想象未来时，这种想象叫理想。理想指向于未来，余人的愿望相联系，这和幻想相同。但幻想不一定以客观规律为依据，因而，不一定具有实现的可能。而理想体现了事物的发展规律，因而，具有实现的可能。空想是一种不以客观规律为依据，甚至违背事物发展的客观进程，因而，没有实现可能的想象……无数事实告诉我们，昔日的幻想在今天已成为事实，幻想的现实化是创造活动的诱因和动力。

（张积家:《普通心理学》）

◆ 活动模块三

诚实守信

阶段目标：

促进小学 4~6 年级学生个性心理品质的健康发展。

适用年级：

小学四、五年级，以五年级上学期为主。

活动专题 13 | 我能"心中有他人"（利他）

【活动参考目标】

1. 了解与理解

理解只有做到"我为人人"，才可能感受到"人人为我"的快乐。

2. 尝试与学会

（1）通过对影视作品的分析，体会人在遇到困难和挫折时是需要陪伴的。

（2）通过角色扮演，尝试练习换位思考，学会聆听的技巧。

3. 体验与感悟

体验"心中有他人"、为别人尽义务给自己心灵上带来的幸福。

【活动参考课例】

幸福你我他

——我能"心中有他人"

活动理念

被誉为"积极心理学之父"的马丁·塞利格曼认为，幸福的人有一个共同的特点就是有利他行为，也可以说是心中有他人。小学五年级是形成学生良好个性的关键期，也是助人行为发展最快的时期，这与学生的认知能力的发展有直接关系，也与因生活范围、内容的变化而使学生的道德判断从自我中心转向互惠的特点相一致。基于这样的发展心理学认识，本次心育活动旨在通过各种活动让学生体验"心中有他人"、为别人尽义务给自己心灵上带来的幸福，进而帮助他们更好地克服以自我为中心的意识。

活动准备

根据班内人数随意组合，6~7人一组呈 U 形围坐；《狮子王》相关视频；

《自己的花是让别人看的》相关文字、图片；歌曲《我和你》伴奏（采用双倍节奏的舞曲版本）；多媒体课件。

活动过程

一、 团体热身阶段： "花让别人看"

1. 欣赏图片

我们来欣赏一组照片（课件出示图片及文字说明），大街小巷、家家户户窗台上都有着独特的风景。各位同学看清楚，家家户户窗台上有什么？往哪边长的？

他们的花不像在中国那样，养在屋子里，他们是把花都栽种在临街窗户的外面。花朵都朝外开，在屋子里只能看到花的脊梁。

每一家都是这样，在屋子里的时候，自己的花是让别人看的；走在街上的时候，自己又看别人的花。人人为我，我为人人。我觉得这一种境界是颇耐人寻味的。

2. 学生思考

看了这些图片，你有什么启发？

二、 团体转换阶段： 当人落难时

1. 教师引导

每个人生活中或多或少都会遇到一些困难和挫折。你们看过动画片《狮子王》吗？还记得片中小狮子辛巴落难的那一段吗？我们一起来看看吧！

2. 播放课件（《狮子王》第一集相关视频）

辛巴的爸爸老狮子王被叔叔害死了，辛巴被叔叔撵走，被迫流浪。他晕倒在干裂的土地上，一群秃鹰围过来要吃它。猫鼬丁满和野猪彭彭救了他。辛巴和两个新朋友建立了友谊，重新获得了生存的勇气。

学生在老师带领下跟着音乐哼唱："哦，HAKUNAMATATA；哦，HAKUNAMATATA。"（"HAKUNAMATATA"是非洲语言，大意是"顺其自然"）

三、 团体工作阶段： 心中有他人

1. 我们一起来分析

（1）辛巴失去爸爸，被迫流放，举目无亲，他心情如何？最需要什么？

（2）丁满和彭彭为什么救辛巴？他们如何帮助辛巴重新鼓起生存勇气的？

2. 我们一起来演绎

教师引导：同学们，我们能设身处地地体会辛巴的感受和同伴对他的帮助吗？我们分组来演一演吧！

（1）模拟演练：三人一组演练。一人扮演辛巴，一人扮演丁满，一人扮演彭彭，每一大组分成两个小组，其余的做观察员，看一下丁满和彭彭是如何帮助心情不好的辛巴的。扮演过程中要注意体会不同角色各自的感受。

（2）拓展演练：还是三人一组演练。一人扮心情不好的人，另外两人扮演他的同学，每一大组分成两个小组，其余的做观察员，看一下两位同学是如何帮助心情不好的同学的。演练过程中要注意体会不同角色各自的感受。

（3）现实操练：结合自己真实的"内心问题"，先让一个孩子说，另外两个孩子练习"聆听"。"聆听"要求：给予支持，不打断，不给建议。操练过程中要注意体会不同角色各自的感受。

（4）分享感受。（先小组内分享，再小组推荐全班分享）

（5）教师点评：当一个人心情不好时，是很需要有人真心陪伴的。陪伴他人时，如何学会聆听也很关键。我们只有站在对方的角度，设身处地地体会别人的真实感受和需要，才能做到真正替别人着想，才能让别人觉得你"心中有他人"。

3. 我们一起来说说

教师引导：我们的生活中也有许多让我们感动的人。让我们一起寻找生活中曾经感动过你的人吧，他们也许是你的亲人，也许是你的同学，也许是你天天看到却没有引起自己注意的熟面孔，也许是你从未说过话的陌生人。说说他让你感动的一件小事，尝试走近他总是先替别人着想、然后再考虑自己的美好心灵。

（1）学生说说生活中让自己感动的人。

（先小组内交流，再每组推荐一位同学全班交流）

（2）教师点评：你们说的这些人确实很让我们感动，那我们自己是否也能做像他们这样的人呢？如何做到？

（小组交流）

四、 团体结束阶段： 幸福你我他

1. 延伸活动

课后请大家找一个同学结成一对一的"伙伴关系"，从每天的一件件小事中落实"心中有他人"，并简要写下过程和感受，每天相互沟通交流，一周后大家再来一起分享，好吗？

（播放歌曲《我和你》，老师带领学生一起唱）

2. 教师小结

今天的活动到此结束，希望大家在以后的学习、生活中要心中有他人，在给别人带来快乐的同时给自己也带来快乐和幸福！

活动反思

整个活动过程有广度、有深度、有趣味。一开始的图片和文字让学生在视觉享受的同时初步了解什么是"人人为我，我为人人"。接下来，《狮子王》的相关视频，引发了学生的思考，并通过一步一步由远及近的演练，让学生不仅体会到了角色的感受，还学会了如何换位思考，聆听别人的心声。最后，"说说生活中让自己感动的人"这一环节，让"心中有他人"的理念更贴近学生的生活和内心。最后的歌曲把活动的主题进一步拓展和延伸。

（浙江省杭州市余杭区瓶窑镇第一小学　夏雪芳）

没有什么比利己主义更可怕的了

人应当奉献。我们生活的全部意义就在于我们全都应当尽义务，应当奉献。不然就不可能活下去。

你生活在社会里，时时处处要与他人接触，你的每一个满足，每一种欢乐，都是与他人为你付出精神上和肉体上的力量，为你操劳、忧虑、焦急和思念分不开的。假如没有人的奉献，生活会变得杂乱无章，即使大白天你也无法出门。十分懂得与严格履行你在他人面前的义务，就是你真正的自由。

我认为教育上一条重要的目的，就在于使每个人在童年时代就能体验到人对义务顶峰的追求是魅力和美。教育的理想就在于使每个人去追求自己的顶峰，不要迷失通往顶峰的方向，更不要从旁而过，只有精神力量才能使人成为真正的人。

没有什么比利己主义更可怕的事了，没有比为自己的懒惰辩解更有害的了。一个人在童年、少年、青年早期时代就应当用自己的双手去开拓公共幸福和福利，并去保护它。我认为特别重要的一点，就在于使孩子们从童年开始去报答社会所给予的福利、欢乐和幸福。

（苏霍姆林斯基：《怎样培养真正的人》）

活动专题 14

我能"信守我诺言"（诚信）

【活动参考目标】

1. 了解与理解

（1）了解信守诺言的重要性，懂得只有诚实守信的人才能得到别人的信任和支持。

(2) 理解"诚信"是为人处世的根本原则。

2. 尝试与学会

(1) 尝试评估自己的"诚信度",并在 0~10 的刻度尺上找到位置。

(2) 尝试自我督促,让自己做到诚信。

3. 体验与感悟

(1) 感受"言而无信"给他人带来的厌恶感。

(2) 体验做出"承诺"时,应严肃、慎重。

【活动参考课例】

诚信是金
——我能"信守我诺言"

活动理念

诚信是做人的根本原则,也是维系一个社会正常运转的重要基石。现实生活中,劣质食品、商业欺诈、扶助摔倒的老人反被诬陷等怪现象屡屡冲击着社会的诚信度。失信行为越来越严重,不仅造成信用危机,影响国家的经济发展,也影响了普通人的日常生活。本次活动目的是帮助学生了解诚信的重要性,让学生认识到诚信是为人处世的重要原则,诚信意识要从小确立。

活动准备

足球;4~6 人一组分组围坐;每组一张白纸;课前拍摄 2 个情景剧。

活动过程

一、 团体热身阶段: "盲人足球"

1. 游戏规则

每个队员在自己的小组内找一个搭档。每对搭档中只有一个人戴蒙眼布,另一个人不戴。只有被蒙上眼睛的队员才可以踢球,他的搭档负责告诉他向什么方向走、该做什么。在规定的时间内，哪一组进的球最多，哪一组就获胜。

2. 分享体会

参与者分享在活动过程中的体会，如，

指挥者：希望搭档能按照自己的指挥行动，这样比较容易取得成功。

踢球者：感受到了盲人的无助、艰辛，甚至恐惧，体会到了盲人在障碍面前的无助、无奈，内心特别希望得到帮助与支持。

优胜者：踢球者信任指挥者，按照指挥者的口令踢球，所以很容易击中目标。

......

3. 教师点评

这是个与信任有关的游戏。在生活中，如果要被他人相信、信任，首先我们自己就应该是个讲诚信的人。

二、 团体转换阶段： 小故事， 大诚信

1. 投影：《烽火戏诸侯》与《一诺千金》

烽火戏诸侯

周幽王有个宠妃叫褒姒，为博取她一笑，周幽王下令在都城附近二十多座烽火台上点起烽火——烽火是边关报警的信号，只有在外敌入侵需召诸侯来救援的时候才能点燃。结果诸侯们见到烽火，率领兵将们匆匆赶到，弄明白这是君王为博褒姒一笑的花招后愤然离去。褒姒看到平日威仪赫赫的诸侯们手足无措的样子，终于开心一笑。五年后，西戎大举攻周，幽王烽火再燃而诸侯未到——谁也不愿再上第二次当了。结果幽王被逼自刎，而褒姒也被俘虏。

一诺千金

秦末有个叫季布的人，一向说话算数，信誉非常好，许多人都同他建立了深厚的友情。当时甚至流传着这样的谚语："得黄金百斤，不如得季布一诺。"后来，他得罪了汉高祖刘邦，被悬赏捉拿。结果他旧日的朋友不仅没被重金所惑，还冒着灭九族的危险来保护他，终使他免遭祸殃。一个人真诚有信，自然得道多助，能获得大家的尊重和友谊。反过来，如果贪图一时的安逸或小便宜，而失信于朋友，表面上是得到了"实惠"，但为了这点实惠却毁

了自己的声誉。声誉相比于物质是重要得多的。所以，失信于朋友，无异于"丢了西瓜捡芝麻"，是得不偿失的。

2. 小故事中的大道理

（1）小组讨论：诚信有哪些好处？不讲诚信会带来哪些危害？

（2）全班交流：当别人不讲诚信的时候，我心里的感受是怎样的？

（3）教师点评：周幽王不讲诚信，最终自杀，而季布"一诺千金"救了自己的命。可见，不管对一个国家还是对一个人而言，诚信是多么的重要啊！诚信是一种人人必备的优良品格，一个人讲诚信，就代表了他是一个讲文明的人。讲诚信的人，处处受欢迎；不讲诚信的人，人们会渐生厌恶之心，越来越没人理他，所以，我们每个人都要讲诚信。

三、 团体工作阶段： 我的诚信得几分？

1. 你了解诚信吗？

（1）教师引导：孔子曾经说过，"人而无信，不知其可也"。他认为人若不讲信用，在社会上就无立足之地，什么事情也做不成。

（2）小组讨论诚信的表现有哪些，把它写在纸上，然后全班交流。

2. 你了解失信吗？

（1）学生观看情景剧。

（情境一：体育馆门口，小东看见拿着乒乓球拍的小西）

小东：小西，你也来打乒乓球吗？

小西：（一副着急的样子）是啊，和小南约好了九点。你看，现在都快九点半了，他还没来！

（情境二：教室里，小夏正津津有味地看着一本课外书，小秋抢过来，拿在手上）

小秋：啊，最新的《哈利·波特》，兄弟，借我瞧瞧？

小夏：（连忙抢过来）不行，我还没看完呢！

小秋：那你看完借我吧！

小夏：好的，不过我先答应借给李明，等他看完再给你看，行吗？

小秋：凭咱俩的关系，就让我先看吧！

小夏：不行，我先答应他的，你就再等等吧！

小秋：那好吧！

小夏：我想起来了，我上次借给你的书，说好一个星期还我的，可你到现在还没还，都一个多月了！

小秋：啊呀！不好意思，我明天一定拿来还你！

（2）小组讨论：看了这两个情景剧，你如何评价小南、小夏和小秋？你还知道哪些不讲诚信的行为？

（3）学生自由发言，教师仔细聆听，引导学生理解：小南超过约定时间仍未赴约是不讲诚信的表现；而小夏并没有因为和小秋的关系好而忘记和李明的约定，表明他是一个讲诚信的学生。

3. "我"的诚信得几分？

（1）教师指导：我们在学习、生活中或多或少会遇上一些不讲诚信的人和事，甚至有些事还发生在自己身上呢！现在我们就用"诚信"这把尺子量量自己，看看"'我'的诚信得几分"。

（2）评价自己的诚信度，在诚信尺上写下自己的诚信得分。

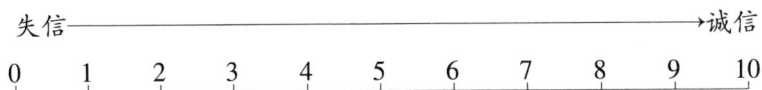

失信 ————————————————————→ 诚信
0   1   2   3   4   5   6   7   8   9   10

（3）小组交流：如果想让自己的诚信度提高1分，可以做哪些改变？

（4）全班交流：以后你会做哪些事来提高自己的诚信度？

四、团体结束阶段：见贤思齐，许下承诺

（出示诚信名言，如下图）

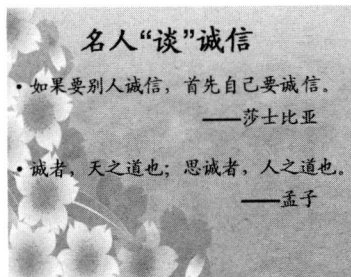

名人"谈"诚信

• 如果要别人诚信，首先自己要诚信。
                    ——莎士比亚

• 诚者，天之道也；思诚者，人之道也。
                    ——孟子

1. 教师小结

古往今来，很多名人都把诚信作为自己一生的准则，诚信也让他们的人生熠熠生辉。今天的我们仍然必须以"诚信"为准则，这样我们才能适应这个社会的规则，这样我们才能有更多的朋友。古人说得好："一言既出，驷马难追"，就让我们从今天开始、从此刻开始，与"诚信"为伍，踏实做事、诚实做人，做一名诚实守信的好少年！

2. 自我暗示

请大家在心里默念一句话，至少要重复三遍：

我要以诚待人，信守诺言，言行一致，做一名诚实守信的好少年！

活动反思

　　刚开始的热身游戏"盲人足球"，让学生很快投入到本次活动中，也很自然地引出了本次活动的主题——诚信。之后，通过季布讲诚信和周幽王失信的不同后果，让学生去明白诚信是为人处世的根本原则。然后通过小组活动，让学生去讨论生活学习中哪些行为是诚信的，并通过观看录像了解失信行为，从而有针对性地为自己的诚信度打分，并思考自己还有哪些值得改进的地方。团体结束阶段以名人名言激励学生与诚信为伍，踏实做事、诚实做人，做一名诚实守信的好少年。最后的集体宣誓，是为了加深学生对诚信的理解，也再次强调了本次活动的主题。整个辅导过程层层推进，基本达成了训练目标。

（浙江省余姚市二六市小学　郭梅花）

【活动参考资料】

正直的人才会言行一致

　　信任和分享的文化是最强大的黏合剂，能将团队里的人紧密地联系在一起。信任其实是一系列逐渐积累的行动和行为的结果。如果缺乏信任，所有含糊不清的行为看上去都是可疑的。

　　要想赢得信任，必须靠长年累月的积极行动，它不会因为危急时刻 CEO 出来挥了挥手就能创造出来。事实上，信任很难得到，又极易失去，而且一旦失去，就永远地失去了。

　　只有诚实正直的人才会言行一致。这需要他们不仅了解自己所相信的，还要了解自己。对于像甘地这样的领袖来说，诚实与生俱来。他了解自己，从来不问"现在我信仰什么"，这就是为什么甘地从来不必提醒自己上次对某个人说了什么话，而且他能够不借助任何稿子或者笔记就能自信地演讲。俗语云："当你说真话的时候，永远不必背诵你说的话。"

（本尼斯，等：《透明》）

活动专题 15　我能"巧对婆婆嘴"（移情）

【活动参考目标】

1. 了解与理解

（1）正视家庭矛盾，知道代沟在生活中不可避免。

（2）初步了解代沟产生的原因。

2. 尝试与学会

（1）尝试站在父母的角度看问题。

（2）加强与父母沟通，提高与父母相处的能力。

3. 体验与感悟

（1）体会父母养育自己不容易。

（2）感受自己的成长离不开父母的关爱。

【活动参考课例】

两代人，一个家

——我能"巧对婆婆嘴"

活动理念

小学高年级学生正处于"心理断乳期"这个特殊的年龄阶段。一方面，由于自我意识逐渐增强，他们很想摆脱父母的约束；而另一方面，他们的生活又不得不依赖父母，这就使得"代沟"问题凸显。因此，引导学生直面"代沟"，学会积极应对、有效处理，就显得尤为重要。本节课辅导的重点虽针对"两代人"，但中心却是"一个家"，要让学生明白一个道理，那就是"我的成长其实离不开这个家"。

活动准备

多媒体课件；学生调查问卷；白纸若干张。

活动过程

一、 团体热身阶段： 我家的 "两代人"

1. 说说自己的家庭成员

（1）（出示课题）在小组里介绍一下你的家庭成员，说说他们的主要特点。

（2）说说在你的家庭中谁和谁可以称得上"两代人"呢？

2. 出示简图，引入主题

今天我们就来聊聊，在"一个家"中，爸爸妈妈和我们——这"两代人"的故事。

父 母

我 们

二、 团体转换阶段： "代沟" 与烦恼

1. 观看小品

（女儿在写作业，妈妈在做家务。电话铃响了，妈妈抢先接过电话）

妈妈：喂？

邵斌（男）：（在另一角打电话）阿姨，你好，我找李菲。

妈妈：你是谁，叫什么名字？

邵斌：我是李菲的同学，叫邵斌。

妈妈：（自语）没事打什么电话！（一脸不高兴，极不情愿地向女儿喊）菲菲，电话。（待女儿走近后，轻声）快点说完，别影响学习！（女儿去接电

话，妈妈走到女儿的桌前翻看日记）

　　邵斌：昨天晚上，中央三台的《同一首歌》看了没？

　　李菲：看了，看了。总算看到了周杰伦了。

　　邵斌：我喜欢田震，你瞧，她的声音多有磁性。

　　妈妈：（愤愤自语）不聊学习，就知道说这些。（继续偷看日记）"你是电，你是光，你是唯一的……"（厉声高喊）菲菲，快过来！

　　李菲：好了好了，妈妈叫我了，就谈到这儿吧。（忙放下电话，发现妈妈正在翻看自己的日记，非常生气，高声喊）妈！你怎么翻我的日记啊！

　　妈妈：你看你写的，我都不好意思读。

　　李菲：妈，你怎么、怎么这样？

　　妈妈：我怎样？我这是为了谁，还不是为了你吗？你看你写的。

　　李菲：这是歌词！

　　妈妈：这——（一时无语）反正歌词也不好……

　　李菲：（面向观众独白）快要毕业了，本想和同学聊聊学习之外的世界，缓解一下紧张情绪，可父母总是在我们刚刚平静下来的湖水中投进小石头，掀起阵阵波澜。

　　2. 分享感受

　　（1）小组讨论：看过这个小品，你得出了什么结论？小品中的这个家庭，母亲和女儿之间存在着哪些矛盾？

　　（2）教师点评：家庭中产生矛盾是难免的，像这种存在于父母和我们之间的矛盾，我们叫它什么呢？我们称它为"代沟"。

　　3. 倾诉烦恼

　　（1）教师引导：你有这样类似的苦恼吗？向你的小伙伴一吐为快吧。

　　（2）小组内交流各自的"代沟"烦恼。

　　三、 团体工作阶段： 尝试跨越 "代沟"

　　1. "代沟"哪里来？

　　（1）教师提问：你们是否想过"代沟"是怎么产生的？

　　（全班学生交流）

　　（2）教师点评：从你们的话语中，我知道你们最大的苦恼就是妈妈没完没了的"唠叨"。我这里倒有一个有趣的故事，大家不妨先睹为快。

（投影：《珍珠与谷物》）

一只公鸡发现土里埋着一颗闪闪发光的珍珠，它以为是什么好吃的东西，就把珍珠刨出来，费力地想把它咽下去。但当公鸡发现这颗闪闪发光的珍珠并不是什么好吃的东西时，它马上就把珍珠吐了出来。这时珍珠对公鸡说："我是一颗珍贵的珍珠，一个人想要找到一颗珍珠就像大海捞针一样难啊！而你怎么这么轻易就把我丢弃了呢？"公鸡说："有什么了不起啊，如果谁给我一粒谷物，我马上就拿你去交换。"

（3）小组内分享感受。

（4）教师点评：在我们和父母之间就常常存在着这种有趣的"珍珠和谷物"现象。父母视为"珍珠"的东西，你却常常不屑一顾；而你认为至关重要的"谷物"，你的父母却又不在意。其实，仔细想想，全世界的父母都希望把最好的东西留给自己的孩子，可很多时候，孩子却并不认为那些东西是最好的。

2. 试越"代沟"

（1）教师引导：不管矛盾的产生是出于什么原因，代沟或多或少存在于每个家庭中，存在于你和父母之间，既然它不可能消失、也不可能抹去，我们又该怎么做呢？

（2）讨论：在日常生活中，你是否能成功应对父母的唠叨呢？

（组内讨论交流，全班分享）

3. 总结应对"婆婆嘴"的"15字法宝"

（教师根据学生的回答，随机渗透应对"婆婆嘴"的"15字法宝"——）

"听得进"：即对父母的唠叨要有一个积极的态度；

"坐得住"：即在妈妈唠叨时，能在理解的基础上保证足够的耐心；

"不顶嘴"：这是底线，否则很伤父母的心；

"会反思"：对"唠叨"择善而从；

"有行动"：即采取亲子双方都能接受的行为方式。

4. 情景剧

（1）请大家运用这"15字法宝"，来试着处理这样一件事情（出示课件）。

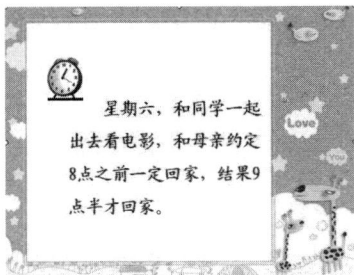

星期六，和同学一起出去看电影，和母亲约定8点之前一定回家，结果9点半才回家。

（2）学生分小组排练情景对话，根据情景中母亲可能出现的"唠叨"，即兴设计自己的对话。

（3）学生轮流上台进行角色扮演，尽可能多地表现不同的应对方式。

（4）教师点评：父母常常是刀子嘴、豆腐心，如果我们一定要和他们对着干会有什么结果呢？你瞧，刚才某组表演的那种结局是我们也不愿意见到的。当然，在实际生活中，你要学会选择最适合自己的方法来应对爸妈的"唠叨"。

四、团体结束阶段：感悟与行动

1. 布置课后调查

教师引导：仅仅与父母沟通、交流是不够的，还要多多了解他们。所以给大家布置一项课后调查（课件出示调查问卷表，同时下发问卷）：

妈妈的生日	爸爸最喜欢吃的菜
妈妈最喜欢的衣服	爸爸最擅长的运动
妈妈最难忘的事情	爸爸工作上最大的烦恼
妈妈有几个好朋友	爸爸最尊敬的长辈
爸妈是如何认识的	爸妈的结婚纪念日
爸妈曾经的梦想	爸妈喜欢的电影
爸妈爱唱的歌	爸妈最大的遗憾

晚上，请大家拿着这张纸大大方方地去"采访"一下老爸老妈吧，相信他们一定会十分愉快地回答你的问题。

2. 播放歌曲《爸妈谢谢你》

教师小结：父母给了我们生命，我们的身体里流淌着他们的血；父母是我们幼年时最早的朋友，那么，我们与这两位特殊朋友之间又有什么鸿沟不可逾越呢？我们积极地与父母沟通交流，相信父母是能够理解我们的；也相信我们自己眼中的父母，也会随着自己的成长而"发生变化"。

课堂上，孩子们畅所欲言，表现积极。在团体工作阶段进行到"尝试试越'代沟'"环节时，突然，有一组学生悄悄地叫我过去，一个男生对我说："钱老师，你看看这条行不行？"我仔细一看，只见纸上这样写着：拿老师当"挡箭牌"。这是一个多么与众不同的想法啊，是我在过去的课堂活动中所没有遇到过的。我不明白这孩子到底想说明什么，于是便反问他，他坦率地告诉我："有时候，我专心做一个飞机模型，妈妈看到了不同意，于是我就跟妈妈说是老师叫我弄的，要到班级展览，妈妈就不会反对了。"

学生的态度实在诚恳，我当时的第一感觉就是这样。可转念一想这又涉及一个人的诚实品质问题，这两难的问题该如何处理呢？课堂上的时间宝贵，不容我多想，只是觉得这的确是一个新鲜而且有"嚼头"的信息，于是我立刻回应了那个学生："有意思，你们把这个问题准备准备，一会儿问问全班，看看大家的反应，也可以听听他们的意见。"

当这组学生把问题抛给了全班，孩子们先是沉默，安静，接着渐渐有人举手了，再后来炸开了锅，各抒己见。

我突然意识到孩子们的真诚，他们的活跃恰好证明了我的课堂是民主的、实在的，孩子们只有在民主实在的课堂里才会说出自己真实的想法。显然，他们也明白了这个问题的两难性，是"应对的有效性"和"品质的诚信度"的两难。于是，当孩子们正讨论得热火朝天时，我及时引导：

老师不能绝对评价这到底是对还是错，但是老师希望你们拿我或是其他老师当"挡箭牌"的时候，一定要是从事"正当行业"（全班笑），而且还不能多用，一多用呀，父母就会起疑心，和老师一打电话一问就什么都穿帮了（全班又笑）。提醒大家千万不要拿这块"挡箭牌"疯玩或是做不好的事情，父母不是小孩，他们有自己的判断力。同意我的看法吗？（孩子们微笑或点头）可不要让我或是其他老师白白替你们"中箭"了呀！（全班又大笑）

我想，这是心育活动课，就像平日的个别辅导一样，道德的两难问题很难处理。我们在教给孩子实用有效的处理技巧时，要说明利害关系，在不违背大原则的前提下，不反对运用心理学上的心理防卫机制。但是在活动的最后还是要直接告诉或间接渗透给孩子这样的道理：要真正有效解决问题，从长远来看，还是应该坦诚相对。这一点感受算是我这堂课最宝贵的反思吧。

（浙江省宁波市实验学校　钱　珺）

【活动参考资料】

爱创造了高低强弱之间的平衡

爱与被爱是人类的基本需求。人类的兴旺有赖于来自各种人际关系的和谐：母爱的关怀、手足的情谊、挚友的推心置腹以及夫妻的亲密爱情。充满"爱"的人际关系是一项基本的人生目标。如果没有爱，人生的旅程将失去活力。然而，满意而持久的人际关系却不会自然而然地出现。

充满"爱"的人际关系开始于个人持有的态度。在最基本的层面上，充满"爱"的人际关系是指为他人服务的生活。这意味着每个人怀着尊敬和关心的态度与他人交往，承认彼此需要对方，一个人的利益与另一个人的深深地交织在一起。虽然人们的能力和天赋各不相同，但在充满"爱"的人际关系中，彼此发扬优点、抵消弱点。哥哥姐姐用较强的力量和成熟来保护弟弟妹妹，而弟弟妹妹的弱点则培养了哥哥姐姐的同情心。父亲在公司里是不苟言笑的经理，在蹒跚学步的孩子面前则变成了一个快乐的伙伴。爱创造了高低强弱之间的平衡。

云雾缭绕的山峰俯瞰着绿色葱茏的山谷。强大壮实的雌狮，它的利齿能够撕烂斑马，而衔起幼狮时却温柔有加。电子的重量不及质子的千分之一，但在原子中却正好平衡。互补的对立物之间的和谐与平衡之所以能够出现，是因为这些元素是为对方而存在的。古生物学家德日戈注意到，在自然界中，"即使在最基础的层次上（甚至在分子之中），内部都有一种结合的倾向"。即使是一个微粒，"也只能根据其对周围事物的影响来定义"。换言之，事物在本质上存在于共生关系之中：它们相互为对方而存在。人类的情况也是这样，没有对手就感觉不完整。男人渴望女人，女人渴望男人。孩子需要父母，父母也在孩子身上找到欢乐。人们相互追求、形成关系、相互支持，是再自然不过的事情了，他们都知道孤独和孤立是不健康的。当人们把"为他人服务"作为头等大事时，他们的关系就会表现出关心、尊敬和承诺等品质，反映出自然界本身的和谐与平衡。

（国际教育基金会：《培养心情与人格——人生基本目标教育》）

活动专题 16 | 我能"珍惜讲真话"（诚实）

【活动参考目标】

1. 了解与理解

（1）通过活动认识到说谎的危害。

（2）理解如果人想掩盖事实的真相逃避惩罚，内心一定会充满矛盾和挣扎。

2. 尝试与学会

初步尝试在面对老师和家长的批评甚至是惩罚时，战胜自己想说谎的冲动，把真相说出来，勇于承认自己的过错。

3. 体验与感悟

（1）在活动中体验为了逃避惩罚而说谎所带来的负面情绪。

（2）感受把真相说出来后的舒心和坦然。

【活动参考课例】

拜拜！"谎言泡泡"

——我能"珍惜讲真话"

活动理念

小学四、五年级的学生已出现有意说谎的现象，最常见的是为了避免惩罚而撒谎。大部分学生是刚刚开始说谎，说谎时掩饰性差，同时伴随着紧张、焦虑等强烈的消极情绪。本课旨在通过活动，带领学生体验说谎带来的消极情绪，意识到说谎的危害，学会勇于承认自己的过错。

吸管每人 1 根，泡泡水每组 1 瓶，"舒心卡"每人 1 张；课件；每组 5 ~ 6人，围坐。

一、 团体热身阶段："完美泡泡"

1. 教师引导

同学们，我们先来做一个游戏放松一下。游戏的名字叫"完美泡泡"，我们一起来看一下游戏规则。

①同桌两人一组，分别叫 1 号和 2 号。

②音乐将出现两次。第一次播放音乐，1 号吹，2 号在旁边观察泡泡；第二次播放音乐，2 号吹，1 号观察。

③比一比，看谁吹的泡泡更大。

同学们要注意：观察的同学，要先把管子握在手里不动，擦亮你的眼睛好好看看同桌吹的泡泡够不够大；音乐声响起后，才可以开始吹泡泡，两次音乐放完，停止吹泡泡，收好东西。

2. 游戏："完美泡泡"

现在请小组长将袋子拿出来，将泡泡液放到桌子中央，并将吸管发给小组同学。打开盖子，开始做游戏。

（学生交流体会。在吹泡泡的过程中，最大的体会是什么？泡泡吹得又大又美的时候，有什么感觉？泡泡一下子破了，有什么感觉）

教师点评：泡泡很美，却很短暂，很容易就破。

二、团体转换阶段：沉重的"泡泡"

1. 视频：《丁丁吹泡泡》

（1）教师引导：在生活中，有很多东西也像泡泡一样能吹很大但是容易破，比如，气球。还有些东西既看不见又摸不着，也像泡泡一样容易破，比如，从咱们嘴里说出去的谎话。你可以把它说得很真、说得很像，但它总会被揭穿的。今天，我们就聊一聊谎言这个话题。

（2）播放视频。

（第一幕　地点：丁丁家　　　时间：晚上8点多）

（丁丁正在聚精会神地看动画片，作业本放在身边的沙发上没动）

妈妈：丁丁，作业写完了没有，还在看电视？

丁丁：马上！（拿起手边的作业本看了一眼，又放下来继续看电视）

（过了一会儿）

妈妈：都8点多了，还在看电视啊，作业写完了没有啊？

丁丁（不假思索）：写好了！

（第二幕　地点：学校教室里　　　时间：早自习）

（同学们正在教室晨读，老师巡视）

老师：同学们，把昨天的作业拿出来，老师要检查一下。

（学生纷纷从书包里拿出昨天的作业本。丁丁也从书包里拿出作业本，一看傻眼了，作业没有做。他赶紧把作业本放回抽屉，表情紧张）

老师：丁丁，你的作业呢？

（丁丁站起来，低头不停地动手指头，不知如何是好）

丁丁：我忘在家里了。

老师：这样啊，你好好想一想，作业本落在哪里了？

（丁丁坐下来，目光闪烁，周围的同学都用怀疑的目光看着他）

（3）播放视频后，小组讨论：

丁丁遇到了什么麻烦呢？这时候他心里会怎么想？

如果你是老师听丁丁这么说，你会怎么想？

如果你是丁丁的同学，听他这么说，你会怎么想？

（4）教师点评：虽然"谎言泡泡"帮助丁丁暂时不被老师批评，但是丁丁不开心，又紧张又害怕，还可能会失去老师和同学对他的信任。他该怎么办？

（全班讨论）

2. 丁丁戳"泡泡"

丁丁后来又是怎么做的呢？（继续播放视频）

（第三幕　地点：老师办公室　　时间：课间）

（丁丁在老师办公室门口徘徊。终于他鼓起勇气，走到老师的办公桌前）

丁丁：老师，我有一件事要对你说。

老师：什么事啊？

丁丁：（低着头，把空白的作业本放在老师桌上，吞吞吐吐地）我的作业本刚才就在抽屉里。我骗了您。昨天晚上我一直在看电视，作业忘记写了，作业本是空白的。

老师：这样啊！一会儿来我这里把没写的作业补上。

丁丁：（如释重负）知道了。

3. 感受"谎言泡泡"

（1）全班分享：这个故事给了你什么启示？

（2）教师点评：泡泡虽然很大、很轻、很花哨，但我们陪丁丁体验了一回吹泡泡的心情，大家都发现，这期间的心情真的太沉重。

三、团体工作阶段：心中的"泡泡"

1. 我的吹"吹泡泡"经历

（1）教师引导：同学们，我们都是好孩子。可有时，我们也会不小心做错事。那时，我们心里可害怕了。偶尔，我们也会用谎话欺骗别人，但自己心里总像压了块石头一样难受。你遇到过这样的事吗？

（2）教师讲述自身经历。（每个人小时候，都可能发生过这样的事）

（3）学生交流说谎经历，师生随机互动。

（4）教师点评：说出实话，我们才能真正安心。这需要很大的勇气，我们有时候还没有办法做到，常常是想说出实话，却因为害怕惩罚，又把话忍了回去。现在，咱们一起来做个训练，锻炼一下说出实话的勇气。

2. 角色扮演——我会这么做

教师引导：两人一组，根据情景，扮演角色。（假如你遇到这样的事情，会怎么做？分组进行角色扮演，然后全班公演）

（情境一）妈妈给我两块钱买铅笔和橡皮，我把钱买了冰淇淋。回到家，我两手空空。妈妈问我："铅笔、橡皮买来了吗？"面对妈妈，我会怎么回答？

（情境二）我的同学小明有一辆很好玩的玩具汽车。一天中午，我借小明的玩具车玩，不小心把玩具车的一个螺丝弄丢了，但从外面看不出来。下午，我要把玩具车还给小明了。面对小明，我会怎么做？

四、 团体结束阶段： 拜拜吧， "谎言泡泡"！

1. "舒心卡"——"拜拜，谎言泡泡！"

教师引导：今天，我们发现跟"谎言泡泡"在一起实在很麻烦。刚才通过训练，我们说出实话的勇气更足了。现在我们就试着和"谎言泡泡"说拜拜，将憋在心里的实话写在"舒心卡"上。

（学生填写卡片）

舒心卡

"谎言泡泡"：

我不能跟你做朋友了！虽然你帮了我很多，但我还是决定说实话，我要对你说：_____。

承诺人：　　年　　月　　日

2. 教师小结

在成长过程中难免会遇到"谎言泡泡"，今天，我们长大了。祝愿同学们都能告别"谎言泡泡"，做个快乐小精灵！

在活动课素材的选择上，我尽量采用孩子的视角来选择能吸引他们、触动他们心灵的资源。整个活动课进行下来，感觉学生的注意力都非常集中，参与度比较高，这点我还是比较满意的。

说谎经历是学生不愿当众讲的敏感话题。怎样让学生抛开各种顾虑，深入地谈这个话题，是本次活动课的难点。为了突破这个难点，我努力做好以下几个方面：首先，是丁丁的形象设计——一个有血有肉真实的孩子。从一个前面撒谎，后来又有勇气承担过错的丁丁身上，学生看到了自己的影子，认识到撒谎的冲动很多人都有，但只要能战胜自己撒谎的冲动，就很了不起。其次，在学生谈论说谎经历前，教师对学生进行认同"咱们都是好孩子"，再讲说谎经历，学生就不会怕影响自己的形象而顾虑重重。最后，把说谎的问题做"一般化"处理："每个人小时候，都可能发生过这样的事。"教师讲述自身的经历，能换取学生相同程度的回应，给学生树立一个说出心事的榜样，使学生愿意将这个敏感话题展开。我感觉这几个方面如果做好了，活动课就能很深入，效果也会很好。

（浙江省温州市瓯海区新桥镇第三小学　潘素丹）

【活动参考资料】

诚实是衡量人品的首要标准

当我们谈到某个人的名声时，我们总是最先想到他的诚实。如果我们说"他是个诚实的人"，那么就是说他是一个讲真话、遵守诺言、言出必行的人。当你在考虑是否与某人交往的时候，他是否诚实可能是你衡量其人品的首要标准。

乔治·华盛顿曾经这样写道："我希望我能始终如一，有足够的美德以使自己保持这种我认为最了不起的品德——诚实。"他很清楚，诚实的品质是一个人好的名声最重要的保证，同时还能促使他始终保持美好的人格。无论一个人有什么其他好的品质，如果他不是一个诚实的人，那么他的名声也不会好到哪里去。这个人可能很聪明、很友好、很勤奋，或者很有毅力，但是没有诚实，这些品质看起来像是对人的一种欺骗。

你可能早就被你的同学或朋友定义为一个诚实或不诚实的人。当大家发现你是一个诚实的人，他们就会喜欢你、依靠你，愿意和你在一起，没人愿意和一个骗子在一起，这就是不诚实的坏名声所带来的恶果。所以保持自己诚实的名声是非常重要的，但只要一两个谎言就能将其化为乌有。另一方面，不诚实的名声会给别人留下极其深刻的印象。

你通过诚实的行为来形成你诚实的名声，像其他美德一样，诚实也是需要不断培养的，只有你不断地去实践它，才能使诚实成为你的性格中自然而然的一件事情。

（贝内特：《青少年美德书》）

活动专题 17
我能"认错担责任"（勇气）

【活动参考目标】

1. 了解与理解

（1）懂得"人非圣贤，孰能无过"的道理，明白犯了错误勇于承认和改正，仍然是个好孩子。

（2）了解当我们犯错误的时候，要学会用正确、积极的态度面对它，解决它，化解心中的烦恼。

2. 尝试与学会

（1）学会面对现实，坦诚地交流做错事后的内心感受。

（2）学会面对各种矛盾、冲突，善于选择最恰当的方式表达自己。

3. 体验与感悟

感受承认错误后的轻松与踏实，重新审视自己、认识自己，接纳自我。

【活动参考课例】

做了错事之后
——我能"认错担责任"

活动理念

正处于成长期的孩子，有其独特的思维方式。这些思维方式也许不是特别成熟，但是一定是有其存在的理由。由于孩子年龄较小，其生理发育和心理发展还不成熟，常常会说错话、做错事，怕受惩罚，不敢认错，更不敢承担责任；同时又认识到做错事情不对，因此，内心往往有许多的矛盾与不安。本节心育活动课旨在通过活动与体验，让学生对自己做错事的行为有比较客观的认识，同时学会选择最恰当的方式来处理，进而重新审视自己、认识自己，承担起自己所犯错误造成的后果，帮助自己解决在成长过程中出现的烦恼。

活动准备

多媒体课件；"知心卡"。

活动过程

一、团体热身阶段：这是哪里

1. 游戏规则

甲乙两人面对面，由甲先开始，指着自己的五官，问乙："这是哪里？"乙必须在很短的时间内回答甲的问题。例如，甲指着自己的鼻子问："这是哪里？"乙就必须说："这是鼻子。"同时乙的手必须指着自己鼻子以外的其他五官。甲提出三个问题之后，双方互换。

2. 游戏开始

二、 团体转换阶段： "风儿走错了路"

1. 教师引导

我是学校《快乐星星索》栏目的主持人，大家都亲切地叫我"星星姐姐"。我经常收到一些同学的来信和电话，诉说他们在成长过程中的烦恼。今天的课堂上咱们就一起来聊一聊"在没有人知道的情况下做了错事，该怎样办"的话题。为了更好地探讨问题，我们今天还请来几位家长参与大家的活动。

（出示学生风儿的来信）

我和叶子是一对好朋友，前几天，我借了叶子的一本《淘气包马小跳》，可是一不小心把其中的一页给撕破了，这可是叶子刚买的新书啊！我不声不响地就把这本书还给了叶子，结果到现在我还不敢面对叶子那双眼睛。我的心好像是迷了路一样，忐忑不安。您能给我指指路吗？

2. 学生分组讨论

风儿为什么不敢面对叶子的眼睛？她害怕什么？

如果风儿把实情告诉叶子，叶子可能会有什么反应？风儿又该如何应对？

3. 教师点评

一个人做了错事之后，可能要面对很多压力，这正是许多同学在做了错事之后不敢正面承担责任的原因。面对自己的过错，我们该怎么办呢？

三、 团体工作阶段： 过失路口"导航仪"

1. 琳琳的试卷

首先让我们进入"情境聚焦"，请看大屏幕。

（1）一次定格（琳琳偷偷改了答案）。

为了在这次数学竞赛中取得好成绩，琳琳在没有别人知道的情况下，偷偷改了答案。

（提问）从她的表情与动作来看，你们猜猜她这时的心情怎样？

（过渡）从她的神情中，我们也体会到了她的紧张与担心。过了几天……

（2）二次定格，提问：

当小伙伴告诉琳琳考了100分的时候，琳琳的第一反应是什么？

除了高兴、兴奋，在下意识中，她还暗暗感到？

这种高兴、侥幸的心情会持续多久呢？

（3）三次定格（琳琳改了试卷后很矛盾），提问：

你能体会到琳琳此时的心情吗？能具体说说吗？

这种心情如果一直持续，会给她带来怎样的后果？

（4）设身处地打开"导航仪"。

琳琳的心里确实很矛盾，很犹豫，非常烦恼。假如你是琳琳，你会采取什么措施化解这个烦恼呢？（学生分组讨论，全班分享）

给老师打电话解释。（为什么会想到这个办法？如果我就是那位老师，你能试着打个电话吗）

在作业本里夹个小纸条。（选择这个方法的理由？你可能会怎样写）

跟妈妈说，再让妈妈跟老师沟通。（为什么不愿意自己去说呢）

自己直接跟老师讲。（你会选择什么样的时间与地点跟老师交流？为什么）

跟要好的小伙伴一起去跟老师说。（为什么会想到这个方法）

……

2. 小雨的心事

前几天，老师收到这样一封信，也想请大家帮帮忙。

星星姐姐：

我在练习扔垒球时，把教室的玻璃窗打破了。我知道损坏公物是要赔偿的，可最近爸爸妈妈由于工作的原因心情不好。如果把这件事告诉他们，肯定会让他更不高兴。星星姐姐，请告诉我该怎么办！

心事重重的小雨

（1）学生分组讨论。

你觉得小雨该不该向父母说清事实？要是不说，该怎么处理？

如果告诉爸爸妈妈，你觉得什么方式比较合适？说说你的"路线图"。

（2）采访家长：大家谈了那么多，何不来听听妈妈们的心声呢？
（请几位家长发言）

（3）教师点评：我想听了同学们和各位家长的意见，这个孩子肯定很受启发，会做出自己正确的选择。

3. 我也曾经迷过路

（1）教师讲述自身经历。

你们给小雨和风儿提出了自己的"导航图"，我代他们谢谢你们啦！每当我收到这样的信时，不禁会想起自己小时候的一件事：

那是小学五年级的时候，我到外婆家去。外婆家在乡下，那天刚下过雨，泥路坑坑洼洼的，非常难走。这时，我发现前面有一个盲人，拄着一根竹竿，小心翼翼地在前面走，我很担心他会一不小心摔倒，但是可能出于对盲人的一种恐惧的心理，我始终没敢去扶他。过了几天，老师布置作文《记一件好人好事》，我就虚构了这件事，说是后来我把这位盲人送回了家。老师问我是不是真的，我点点头，然后转身就逃。那天的语文课上，老师不仅把它当做范文读给大家听，而且还表扬我做了好事。当时我真是很难为情，但是始终没有想出合适的方式跟老师说。

其实，这件事一直在我的心里，今天是第一次敞开心扉跟大家聊。我想，你肯定也跟小雨、风儿、我一样迷过路吧！那么今天，你能不能敞开心扉，在小组里说说自己的经历？

（小组内分享与倾听）

（2）教师点评：大家聊得很愉快，很坦诚。你愿意把自己的"迷路"经历再与全班同学交流一下，与大家一起分享回归大道后的快乐与踏实吗？

（全班分享）

四、 团体结束阶段： 认错需要勇气

1. 填写"知心卡"

老师与大家一起分享与倾听了你们的故事，你能不能快速地用两三个字或词组来概括一下，承认错误与掩饰错误后的不同心情呢？

知心卡

承认错误	掩饰错误
失去＿＿＿＿＿＿	得到＿＿＿＿＿＿
得到＿＿＿＿＿＿	失去＿＿＿＿＿＿
我选择＿＿＿＿＿＿＿＿＿＿，因为＿＿＿＿＿＿＿＿＿＿＿。	

（学生反馈、交流）

2. 教师小结

承认错误后会轻松、快乐与踏实，掩饰错误让人感到担心、害怕、烦恼，失去了心理上的坦然。今天，老师非常开心，因为你们最后的选择说明你们在自己的错误面前，已经有足够的勇气来面对它！

活动反思

本节心育活动课希望让学生通过活动和体验理解：我们每个人都会犯错误，当我们犯错误的时候，我们要学会用正确、积极的态度面对它，解决它，化解心中的烦恼。在活动中，我引导学生通过和老师交流，跟父母沟通，向小伙伴倾诉等方式，多想、多动、多参与、多感悟，同时帮助风儿与小雨在错误面前寻找到合适的应对方法，达到"助人自助"的目的。学生在相互交流及角色扮演中碰击出智慧的火花。

作为老师，我在活动中也跟学生学到了很多。正处于成长期的孩子，有其独特的思维方式，这些思维方式也许不是很成熟，但是一定是有它的理由。不管孩子做了什么错事，老师不要武断地以成人的思维方式去评判孩子所做的一切，一定要给他们解释的机会，耐心地倾听孩子的诉说，了解他们的行为动机，引导学生分析利弊关系，启发他们从多角度看问题，帮助他们化解内心的道德冲突，获得成长！

（浙江省上虞市百官小学　李可苹）

放弃自我辩护，低头承认错误

在生活中没有人能够不犯错误。但我们的确有能力讲："现在不会再犯同样的错误了，以往的错误不会再出现了。"人皆有过，但在犯了错误之后，一个人既可以掩盖错误，也可以承认错误。我们一直接受这样的教导：我们应当从自己的错误中学习。但假如不能首先承认自己犯了错误，我们又怎能从中学习呢？要做到这一点，我们就必须认清自我辩护的诱惑。

心理学家鲍勃·阿博森曾经教过一个学生，他一直坚持自己的观点，尽管这个观点与其他学者的研究结果相左。阿博森最后温和地问他："你是主动承认自己的错误，还是让其他人证明你的错误呢？"承认错误是有很多好处的。别人会更喜欢与你交往，有些人会吸取你失败的教训，你的错误也可能会刺激其他人的灵感。孩子们会明白每个人都会面临当众承认错误的窘境，即使成年人也不例外。在错误还只是一粒种子的时候，认识并改正它，总比让它长成枝繁叶茂的大树要好得多。

放弃自我辩护，低头承认错误，意味着心灵的放松和更加良好的人际关系，我们为什么不这样做呢？

（塔夫里斯，等：《谁会认错?》）

活动专题 18

我能"上网有时限"（自律）

【活动参考目标】

1. 了解与理解

在活动中认识网络的益处和危害，懂得做到有计划、有节制上网的重要性。

2. 尝试与学会

通过活动初步尝试采用"上网防火墙"的方法对上网时限进行自我约束，发扬网络积极影响的一面，降低其消极影响。

3. 体验与感悟

在活动中体验到自我约束上网时限获得成功时取得的快乐。

【活动参考课例】

修筑上网"防火墙"
——我能"上网有时限"

活动理念

网络为学生提供了一条很好的学习和娱乐途径，但如果沉溺其中肯定弊多利少。小学五年级是学生意志品质形成的关键时期，也是人格发展的重要时期，他们接触网络的时间越来越长，对网络也越来越迷恋，其中相当一部分学生盲目追求个人兴趣，缺乏自我控制能力，浪费大量宝贵时间，以致荒废了学业，严重影响其身心健康成长。本节课旨在引导学生正确认识网络的利弊，了解不适度上网对自身造成的危害，初步尝试预防过度上网的方法，让学生正确地利用网络资源为其学习、生活增添色彩。

活动准备

多媒体设备、调查表、编制游戏和小品内容；课前进行学生上网情况的无记名调查；为学生准备一个信封，里面装上一张精美的书签和一张自控表；给每个学生发五个"笑脸卡"。

活动过程

一、团体热身阶段：拍手游戏

1. 游戏规则

第一次，用两个大拇指拍五下，第二次增加一个手指，以此类推，每一次增加一个手指，拍五下，明白了吗？

2. 游戏开始

（掌声越来越响亮）请同学们再一次用上全部手指热烈地鼓掌，把掌声送给自己和同学，希望你们在这节课里能愉快地交流，有所收获。

3. 奖励"笑脸卡"

大家拿出一张"笑脸卡"奖励一下自己。注意：桌子里除了放有一些"笑脸卡"外，老师还给你们每人一个信封，信封里到底藏着什么，现在不能看，你能做到吗？

二、 团体转换阶段： "e 网情深"

神奇的网络给我们的生活带来了前所未有的便利，我们的生活也日益被网络占据。今天我们现场做一个调查：上过网的同学请举手，经常上网的请举手。——看来大家都是"e 网情深"啊！

1. 说说网络的好处

（1）教师引导：你们为什么喜欢上网呢？网络肯定给大家带来了许多好处。

（2）小组讨论，分享时展示好处写得多的一组，其他组补充。

2. 用事例展示网络的危害

大家能说出网络这么多的好处，那么大家从网络中得到的是否都是快乐呢？下面我们一起来看一则小品，通过小品亲身体验一下网络带来的危害。

（1）表演小品《小刚上网记》。

课堂上，小明给小刚递了张纸条："55QQ，5753（晚上玩 QQ，不见不散）。"小刚知道妈妈一般不会让他上网，于是告诉小明他妈妈不会同意的。小明说："笨呀，编个理由！"于是小刚决定回家骗妈妈。

晚上放学后，小刚对妈妈说："妈妈，我要上网，老师要我们查资料。"妈妈半信半疑："真的？""不信你去问老师！""那快些……"小刚进入房间，关上门，虽然妈妈不时地在门外催促，小刚还是边做作业边与小明聊天，聊得很开心……一直到深夜也没有完成作业。

第二天两人来到学校后，一起向老师谎称自己生病了，没有完成作业。并且在课堂上也无精打采，对上课内容一无所知。但是一下课，二人又立即生龙活虎，飞快跑出校门来到游戏机前"奋力拼杀"。

（2）（投影）一年后，小刚在日记里写道：

我时常出现在网络的虚幻世界里，我依恋上了网络，有时能在网上游荡十几个小时屁股一动都不动，甚至通宵达旦地上网。有时夜晚起床解手，都会情不自禁地打开电脑到网上"溜达溜达"。白天学习无精打采，但一摸键盘立刻神采奕奕，上瘾后便难以自拔。我感觉我已经深深地中毒了，我成了"网虫"。网络这把双刃剑把我"杀"死了，只是它"杀人"不见血。

（3）小组讨论：小刚怎么变成了"网虫"？
（4）教师点评：上网成瘾真的是一件非常可怕的事，一旦发生，有可能会毁了一个人，甚至一个家庭，这里有一些数据请大家看一下。

2009年由中国青少年网络协会主持，在国内开展了第三次青少年网瘾调查。和2005年、2007年的两次调查相比，这次调查范围更广，结果更引人关注。中国青少年网络协会秘书长、报告负责人郝向宏说，目前，我国城市青少年网民中网瘾青少年约占14.1%，人数约为2400万。这一数字意味着，和2005年相比，我国网瘾青少年在过去4年中，增长了近一倍。

三、团体工作阶段：上网 "防火墙"

1. 网络小调查

（1）教师引导：我们刚才看到的迷恋网络的危害绝不是危言耸听，现在我要公布课前一次调查的结果，大家可以对照看一下我们这里的情况（教师呈现课前调查题目，并逐一公布调查数据）。

你是否经常上网？（ ）
你上网的时候是否经常玩游戏和聊天？（ ）
你是不是在课下搜集了很多关于游戏的宣传单、卡片等？（ ）
你是否特别喜欢谈论关于网络的问题？（ ）
你是否因为上网与父母发生过争吵？（ ）
你上网时是不是很烦家人的打扰？（ ）

你是否全神贯注于网络活动，下线后仍继续想着上网的情景？（　）

你是否觉得需要花更多的时间在网络上才能得到满足？（　）

你是否向家人或师长撒谎以隐瞒自己涉入网络的程度？（　）

你是否不能成功地减少和控制、停止网络的使用？（　）

（2）教师点评：从调查数据可以看出，我们班级的部分同学也或多或少存在这方面的问题。那么应该怎样看待我们的行为呢？

（学生自由发言）

2. "头脑风暴"：上网"防火墙"

（1）教师引导：网络的确很诱人，我们该怎样做到上网、学习、身体都不误呢？请大家在小组里充分发表意见，我们应如何设置多道上网"防火墙"？要求：只说自己的建议，不要反驳别人的建议。小组成员集思广益。

（2）各组反馈。教师根据反馈意见进行归纳，例如——

A. 第一道"防火墙"：上网之前先明确任务。

每次先用一两分钟想一下你要上网干什么，把具体任务写在纸上，不要认为这是浪费时间，它可以帮你省10个2分钟，甚至100个2分钟。

B. 第二道"防火墙"：上网之前先限定时间。

根据任务估计需多少时间，用手表或闹钟提醒自己，或在电脑中安装定时提醒软件，在上网时打开，这样能有效控制你的上网时间。

C. 第三道"防火墙"：时间一到就"思维叫停"。

当你已经完成了事先设定的上网任务，可是还想再玩一会儿的时候，你如何让自己"悬崖勒马"？（学生交流）

（两人一组互相练习"思维叫停"，一人说"时间过去了半个小时，又过去了半个小时"，另一个人说"一、二、三——停！"练习三次后互换角色。做得好的同学，奖励自己一张"笑脸卡"）

D. 第四道"防火墙"：父母帮助监督提醒。

这道防火墙是为意志力薄弱的同学准备的，当你上网时无法做到"我能管住自己"、"我能说到做到"的时候，这是最后一招。

3. 编写"节制上网规则歌"

（1）教师引导：请同学们把今天大家提出的建议编成"节制上网规则

歌"，供大家张贴在家中醒目的位置，时时警示自己。

（2）小组内的同学一起开动脑筋，填一填好吗？填得有创意的同学，也奖励自己一张"笑脸卡"。（投影基本样式）

你拍一，我拍一，＿＿＿＿＿＿＿＿＿＿＿

你拍二，我拍二，＿＿＿＿＿＿＿＿＿＿＿

......

四、 团体结束阶段： 自控自勉

1. 心灵自勉

（1）教师引导：请数一数你桌上的"笑脸卡"，"笑脸卡"越多的同学说明你的自控能力越强。

（2）请打开信封，里面是老师送给你们的一张精美的书签，你可以将今天学到的建议写在书签上，时时勉励自己，让自己真正成为自己的主人。

2. 课后延伸

还有一张表格是老师送给你们的第二个礼物，这个礼物虽然不精美，但是很有用，你可以借助它养成好习惯。

上网自控检测表

自控项目	第一周							第二周	第三周	第四周
	周一	周二	周三	周四	周五	周六	周日			
查资料										
半小时内										
主动下线										
自评										
备注：做到的画一个笑脸，争取每天得到的笑脸越来越多，一周后继续列表进行自控，逐步提高自控能力。										

活动反思

随着电脑的普及，痴迷上网的学生越来越多，过度上网对他们的身心造成了严重的危害。因此，对学生进行"上网有时限"的心育活动课是具有现实意义和紧迫性的。由于使用网络的利弊学生已经通过各种媒体了解了很多，所以在设计活动过程的时候，我们尽量把重心放在如何引导学生解决"上网有时限"这个难点上，让学生思考怎么控制自己的上网时间，并在团体工作阶段设计了让学生自控时限的"四道防火墙"，以及引导为主的"节制上网规则歌"。结束阶段又布置了延伸作业，让学生通过自控检测表来加强自我控制。

在辅导活动中学生的参与度和思考深度都比较理想，只是会不会用到实际中去还有待观察。我们还要思考一个问题：学生不上网玩游戏玩什么？学生不上网聊天有谁陪学生聊天？我们用什么来满足学生强烈的好奇心和求知欲？如果这些问题不能解决，网络痴迷或成瘾问题就永远是治标不治本。以上问题的解决，是一个系统工程，需要家长、老师、学生的通力合作。

（浙江省宁波市东柳小学　王春梅

浙江省宁波市白鹤小学　朱　谨）

【活动参考资料】

7~12岁儿童如何使用电脑和网络

基于大禹的"疏导大水"方法，我们对不同年龄段的孩子，在如何健康、安全使用电脑和网络方面，提出了不同的建议。

（1）7~12岁孩子的使用频率：每周2~3次，每次30~40分钟。

（2）使用方法：父母、老师引导。当孩子在使用电脑和网络时，应有一位懂得电脑基本知识的成年人在放置电脑的房间里，这样可以随时关注、引导孩子。在北美，人们称这种方式为"透过肩膀的监督"，意思是父母或老师虽然不需要和孩子一同坐在电脑前，但应随时知道孩子在做什么、看什么。

（3）使用范围：适宜的软件、多媒体学习材料、学习网站、办公类软件（Word、Excel、PowerPoint等）的使用，多媒体百科全书、学校信息及学习相关资料的查询。

（4）其他注意事项：电脑放在客厅等公共区域。设置不同的用户名、密码来屏蔽一些功能，如，下载软件或游戏。告诉孩子上网前要征得所在房间内的成年人同意。告诉孩子在网络上不要将自己的名字、电话、家庭住址等提供给陌生人；如果有一些网站需要用名字和电子邮件地址等注册后才能使用，孩子应该先征得父母或老师的同意。虽然我们不建议这一年龄段的孩子使用网上聊天功能，但是对已经有过网上聊天经验的孩子，父母应告诉他，不要与在网络上聊天的人见面。对这一年龄段的孩子，我们也不建议他们使用电子邮件。但对已经开始使用电子邮件的孩子，请他不要随便回陌生人发来的邮件，而应请孩子先告诉父母或老师，然后在长辈的指导下处理这封邮件（回复或删除）。对于比较缺乏自律性的孩子，可以考虑在电脑上安装过滤软件。除非经过父母或老师事先同意，孩子只能在家中或学校里使用电脑和网络。如有必要，告诉孩子网吧里不良环境的危害，如，空气污浊易生病等。

（李萍，等：《网络与孩子教育——献给中国所有的父母与孩子》）

◆ **活动模块四**

乐观向上

阶段目标：

继续促进小学 4~6 年级学生个性心理品质的健康发展。

适用年级：

小学四、五年级，以五年级下学期为主。

活动专题 19 | 我能"我心信我行"（自信）

【活动参考目标】

1. 了解与理解

通过活动了解到自信心对一个人成长的巨大作用。

2. 尝试与学会

尝试寻找自身的优势，并能够运用语言和行动进行"自我鼓励"。

3. 体验与感悟

通过自我肯定训练，尝试欣赏自己。

【活动参考课例】

张开"隐形的翅膀"

——我能"我心信我行"

活动理念

自信心是取得成功的一个重要内驱力，属于非智力因素的范畴，它既可以被培养，也可以被压抑。在学生的学习生活中，我们发现自信心强的孩子总认为自己有无限的潜能，相信自己的能力，相信自己的价值。愈是自信，愈会成功，愈成功则愈自信。反之，缺乏自信则会导致强烈的自卑感。因此，培养、挖掘学生的自信心，对他们将来的生活和学习将发挥巨大的作用。本节课主要是让学生通过各种活动发现自己的长处，增强信心，克服胆怯心理，激励学生积极自觉主动地学习。

活动准备

四个小队的展示牌，指定四名学生做队长；蝴蝶翅膀形状的卡片（每个学生一张）；大幅的翅膀打印画；学生自由组队，课桌做相应的调整；多媒体课件；"成功训练营"彩旗一面。

一、 团体热身阶段： 个个 "我能行"

1. 游戏：招募 "我能行" 队员

（1）教师引导：（出示课件，如右图）同学们，今天我们上课的分组有点特别，这四位同学分别代表了四个小队，他们想要挑选自己的队员，去参加"迈向成功训练营"。如果你觉得你具有其中任何一个特点，就可以加入其中一个小队。但是每队人数只能在12人以内，不能超出。当音乐响起时你们就开始找自己的团队。

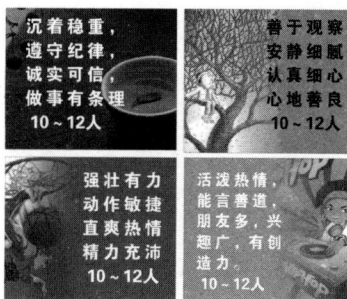

（2）开始招募。4位队长事先准备好4类展示牌，并按顺序进行宣传。

队长甲：我们健康、我们热情，快来加入我们吧！

队长乙：我们机灵、我们动感十足，我们是一群快乐的人。

队长丙：你是我们中的一员吗？我相信你会做出很不错的选择。

队长丁：我们心照不宣，我们会静静等候你的到来。

（学生们根据自身的优势及特点组成新的团队）

2. 团队亮相

（1）教师引导：同学们能看到自身的优势和特点，组成与众不同的新团队，真是让人高兴啊！那么我们就和自己的队员们一起为自己的营队取个响亮的名字，并设计一句精彩的口号吧！

（2）各队商量后，依次喊出口号，并简要说说自己团队名字的含义。

二、 团体转换阶段： 大象的启示

1. 小品引入

一个女孩站在老师的一侧犹豫不前。教师询问缘由："佳明，你怎么还站在这儿啊！快去找到自己的营队坐下来吧！"

女孩在四个团队前徘徊，"我……我找不到我的团队。我体育很差的……我又没有几个朋友，我什么特长也没有。老师，我觉得自己一点用都没有，我真讨厌我自己！"女孩子很落寞地站在老师身边。

"是吗？只要有其中的一点优势就可以加入。你再好好想想。"

"没有！肯定没有的！我有什么好的，又瘦又矮，人又长得不好看，又没有什么一技之长，我一无是处，我真讨厌我自己。"女孩语气生硬地说道。

"一无是处？！同学们，你们和她相处那么久了，她真的是这样吗？为了解决这个问题，我们先来听一个故事吧！"

2. 大象的启示

（1）教师（出示大象图片）引导：你们知道动物园里的大象拴在什么地方吗？它被拴在一个不大的木桩上。凭它的力气，完全可以拔掉木桩跑掉，为什么它不跑呢？

（2）学生分成4组讨论并分享。

（3）教师点评：这头象从小就被拴在这个木桩子上，由于当时力气小，它跑一次，跑不了；再试一次，还是跑不了，就这样多次失败，多次暗示，让它在潜意识里接受了"拴在木桩上跑不了"这个信息。从此以后，只要一把它拴在木桩上，它就认为跑不了了，不管它长成多大的大象，力气有多大，反正拴在木桩上就是跑不了，不会再去做任何尝试。（投影）

（拴在木桩上跑不了）　　（自卑心理）　　（无法摆脱这个木桩）
　　消极的暗示　　　　　　消极的心态　　　　　失败的行为

（4）"头脑风暴"：大象给你带来了什么启示？你们对这位女同学有什么想说的？

（5）4个团队分别派代表在全班分享。

（6）教师点评：正是这些消极的暗示通过消极的心态最终影响了我们的行为。那我们再来看看积极的暗示又会产生怎样的结果呢？

3. 积极暗示实践

大家有没有想去做、但是觉得做不好或者不太可能成功的事情？请写在纸上。（我无法做到的……我无法实现的……我无法完成的……）

（1）请你读一读纸上的话。

（2）现在请把无法做到这些字划掉，写上"我一定能做到……"

（3）再来读一读这些话，谈谈前后两次读的感受。

（4）教师点评：在平时的学习、生活中，我们需要的是积极的心理暗示。虽然并不是说我们有了积极的心理暗示，就能成功。但是可以肯定的是，仅有消极的心理暗示，是绝不可能成功的！希望大家能在平时多对自己说："我是最棒的！""我一定能成功！""这个难关我一定能闯过去！""我一定能坚持住！"让积极的心理暗示带给我们更多的自信！

三、 团体工作阶段： 张开 "隐形的翅膀"

1. 杰克·韦尔奇的"伟"而"奇"

（1）出示杰克·韦尔奇照片并简单介绍。

杰克·韦尔奇说过："所有的管理都是围绕'自信'展开的。"正是凭着这种自信，他在 20 年的工作中显示了非凡的领导才能。小时候的他也曾觉得自己什么都做不好，想知道是什么让他发生改变的吗？故事开始了！（出示课件）

小时候的杰克·韦尔奇在同学之中根本不起眼，他还有很严重的口吃，说话吞吞吐吐的，常被人嘲笑。有一次，学校举办了一场大型的演讲比赛，各路精英都报名参加，他很想参加这次比赛，但他犹豫了一下……

同学们，他犹豫什么呢？他将会面临怎样的处境？

（学生体会、交流）

（2）出示课件：《一再的碰壁》。

自身的缺陷，让他自卑，让他犹豫；但是，他心中的渴望让他鼓起勇气，来到报名处。当他语气坚定地说道："我……我……要参加演……讲比……赛！"所有人都以一种不可思议的眼神看着他，一位同学还不怀好意地说："那……么……那么，你先回家请你妈把舌头熨平了再来吧！哈哈哈……"韦尔奇眼中含着泪花，握紧拳头，一声不吭地回家了，男孩的心情糟透了。

韦尔奇当时心里会怎样想呢？如果你是他的朋友，你会跟他说些什么？

（学生结合自己的生活经验交流）

（3）出示课件：《自信的火焰》。

妈妈鼓励他："孩子，你的脑袋太聪明了，以至于你的舌头跟不上这么聪明的脑袋！"妈妈的话让韦尔奇信心大增，他不仅勇敢地参加了比赛，而且，从此之后他再也没有为口吃而伤心、自卑。自信让他勇敢地迈上演讲台，迈出了成功人生的第一步。

是什么助韦尔奇让他有力量成就自己的梦想和人生？（学生体会、交流）

（4）教师点评：杰克·韦尔奇的故事告诉我们，自信成就梦想，自信成就人生，自信是迈向成功的第一步。

2. 我们身边的"伟"而"奇"

（1）教师引导：同学们，你们在生活中是否也曾经见过因为自信而变得"伟"而"奇"的例子？和大家聊聊吧！

（2）全班交流，推出典型事例。

我们班有个很不起眼的男孩子，成绩很差，也不讲卫生，大家都瞧不起他，更没有人愿意和他做朋友。但是，在运动会1500米报名的时候，全班没有一个男孩举手，连平日里的运动健将都不愿意参加，而他举手了，他说："你们天天坐车来学校，而我每天坚持跑步，我的耐力和体力是你们想象不到的！"当时班里还有人笑他自不量力。结果在赛场上，他得了第二名，当他昂首挺胸地向我们走来的时候，全班同学都对他刮目相看！

（3）教师点评：自信有着巨大的能量，自信来源于自己对自己的认可。每个人身上都有一定的潜力，就像一对"隐形的翅膀"，有的人能看见，有的人却视而不见。但你察觉得越多，展翅高飞的可能性就越大！让我们发掘出自己的优点，张开这对"隐形的翅膀"。

3. 人人有双"隐形的翅膀"

（1）看谁的翅膀大。在老师发给你的"翅形卡"上写下你自身的优点，每个人至少要写 5 个优点。每写好 1 个就用彩笔画上一轮翅膀，如果你找到的优点越多，你的翅膀就会张得越大、越美丽。（播放歌曲：张韶涵《隐形的翅膀》）

（2）展示自信之翼。把你自己的优点大声地念一念，然后贴在黑板上。

（3）教师点评：你们感觉到了吗？我能感觉到你们逐渐展开的翅膀，你们的自信心越来越强！我们参加"迈向成功训练营"的时机已经到了！

四、 团体结束阶段： 我们都做 "伟" 而 "奇"

1. "迈向成功训练营"开营仪式

（1）教师引导："迈向成功训练营"就要招募一批像你们这样的孩子！让我们昂首挺胸、满怀自信地走到一起，成为训练营中的一员！（分成两队站在彩旗的两侧）

（2）举行开营仪式，学生伸出双臂，高呼："我自信！我成功！"

2. 高唱开营歌

（1）播放音乐：改编版《想唱就唱》。

想做就做要做得漂亮。就算没有人为我鼓掌，至少我还能够勇敢地自我欣赏。想做就做要做得漂亮。就算有太多的阻挡，总有一天能看到胜利的荧光棒！

（2）布置任务：回家后每天找一个自己的优点或有进步的地方，将其写下来，早晚各读 3 次。

（3）教师小结：同学们，自信是迈向成功的第一步。让我们高喊"我能行！"我们都要做"伟"而"奇"！

活动反思

心育课的活动设计一定要具有实效性，不能为了活动而活动，而应该思考：为了达到什么目标而设计这样的活动。

根据本次活动的主题和目标，我们最后决定设计一个开放的组团活动，故意让这个过程中出现了一个小小的"意外"，一个学生因为看不到自身的优点而无法找到自己的团队，也正是这个"意外"，引出了本节课的话题，既挑起了同学们的好奇心，又触动了他们的内心。学生们对于这个小插曲表现得很着急，而这正好让孩子们很自然地走进这个节课的主题。由这个插曲，又自然而然地引出了"大象和木桩"的故事，提出了积极自我暗示的重要性。

韦尔奇的故事是本节课的关键点，这节课成功与否取决于学生在这个环节中感悟的深度。讨论、交流是在这个环节中的主要手段，老师像是个领路人，随着话题的深入，打开了一扇又一扇通向学生心灵深处的大门。而对话题的挖掘深度，也决定着学生对自信重要性的体会深度。因此，在讲述韦尔奇的故事时，我们步步设疑，步步思考，目的就是让学生融入故事场景中，与人物共同经历、共同体验，同时又能"跳出问题看问题"，听听同伴和老师的看法，从中寻找到自己所需要的东西，得到不同程度的感受，激发起对自己也做"伟"而"奇"的渴望。最后，通过布置任务，让孩子们感觉到，这堂课不是"过眼云烟"，长期坚持完成这个作业，孩子们就能不断地强化自己的想法，自信心也就在这一点一滴中被积累、被铸就。

（浙江省温州市百里路小学　张　捷

浙江省宁波市太古小学　石瑛莹）

【活动参考资料】

展示自我，体验自信

1. 互为镜子，体验自信

（1）教师示范。

对着镜子做动作：抬头—挺胸—收腹—深呼吸（4 次）。在心里默念"加油！我能行！"，把这句话大声喊出来。

（2）小组内练习，互为"镜子"，扮演"镜子"的一方不能说话，只需真实地模仿对方的动作就可以了，以便让对方观察自己的动作是否规范。

（3）教师点评：大家的动作都比较符合要求了，但效果好不好，关键要看你内心对自己是否有信心。回家后要每天对着镜子早晚各练习三遍。现在，老师就给大家提供一个"阳光舞台"，我们来一展风采和自信。

告诉我：谁能行？（引导全体学生喊出"我能行！"）

2. 制定目标，展示自信

（1）讨论：是否只要会说声"能行"，就一定能取得成功呢？

（2）（学生自由发言后，教师点评）我们说"相信自己"，当然也不能盲目，必须真正了解自己的现状，了解自己的优点和不足，努力改善自己的不足，争取获得最大的成功，这样大声说出的"能行"才真正有效。下面我们来一起制定"我能行目标"。

①_____，我很行！

②我现在_____不行，我准备_____，我一定行！

③我这样来鼓励自己：_____

3. 诗歌激励，增强自信

自信歌

相信自己行，才会我能行；别人说我行，努力才能行；

你在这点行，我在那点行；今天若不行，争取明天行；

不但自己行，帮助别人行；能正视不行，也是我能行；

相互支持行，合作大家行；争取全面行，创造才最行。

4. 教师小结

现在，你们拥有值得回忆的昨天、需要努力奋斗的今天和充满希望的明天。也许，明天会有许多未知数，会遇到很多困难，但老师相信你们都能行！

（山东省威海市实验小学　于丽平）

学小提琴的聋哑女孩

1. 教师引导

老师给大家带来一个励志故事，这个故事曾经感动过无数人，也深深地感动着我。故事中的主人公是一个聋哑女孩，她想学小提琴。她通过自身的努力和对音乐的执著，终于成功了。请同学们听清楚细节，当有人嘲笑她"不行"时，她是如何证明自己"能行"的。

2. 故事内容介绍

有一个聋哑女孩想学小提琴，有人嘲笑她说："难道鸭子还要学飞，聋子还要学音吗？"她觉得很自卑，不停地问自己："为什么我和别人不一样？"但有位街头卖艺的老人却告诉她："为什么要和别人一样呢？你也可以做得很好。"于是她重新认识了自己……

凭着对音乐的执著追求，小女孩排除万难，刻苦练习，终于破茧成蝶，取得成功，得到大家的一致认可。

3. 小组讨论

（1）听完故事之后，你有哪些感想？

（2）对照聋哑女孩的经历，你打算如何改变自己的那些"不行"？

（3）制订"我能行"行动计划。

"我能行"行动计划表

"我不行"的具体表现	危害	改变期限	具体行动	监督人

4. 教师小结

希望同学们在平时多运用我们今天学到的方法，来正确认识自己，不断完善自己，改变自己的"不行"，使自己对自己更有信心。（播放课件）

你能行

如果你认为你将失败，你就确实失败了。

因为我们发现，在世界上，

成功开始于一个人的美好愿望，

取决于一个人的心理状态。

如果你认为你是出色的，那么你就是出色的。

你要相信自己能飞得很高，

你要相信自己能做得最好。

在生活的战场上，

并不总是强壮或聪明的人取胜。

但是最终取胜的人，

一定是那些认为自己能行的人。

（浙江省台州市玉环县环山小学　孔巧芝）

活动专题 20 | 我能"快乐常相伴"（乐观）

【活动参考目标】

1. 了解与理解

理解一个人快乐或是不快乐很多时候都是由自己的心态决定的。

2. 尝试与学会

通过活动初步尝试运用"换个角度看问题"的方法来解决自己和同学的烦恼，并有意识地将其运用到日常生活中去。

3. 体验与感悟

在活动中感悟有时换个角度看问题，会使人心情愉快。

【活动参考课例】

快乐之旅

——我能"快乐常相伴"

活动理念

五年级的学生自我意识逐渐加强，他们遇事容易生气，情绪不够稳定。本节心育活动课旨在帮助学生用积极的心态来对待问题，使学生体会到有时换个角度看问题，会使人心情愉快。同时，让学生把自己的快乐与大家分享，又在大家的帮助下消除自己的烦恼，让学生在交往中充分体会到快乐。让每位学生都懂得：一份快乐，两人分享，就可以得到两份快乐。

活 动 准 备

多媒体课件；"快乐天使"头饰；六艘"小帆船"；每个学生一个笑脸圆牌；将学生分成六个"快乐小队"（如，高兴、喜悦、快乐、愉快、开心、欢乐），每队的桌上放一艘小帆船作为队标，笑脸圆牌和小帆船上分别写上快乐的六个近义词。

活 动 过 程

一、 团体热身阶段： 组成 "快乐小队"

1. 命名 "快乐小队"

（播放课件，学生从教室后门进来，站在教室的后面）

教师引导：同学们，"快乐天使"举着神奇的"快乐魔棒"在迎接我们了，你们看，"快乐魔盘"上写满了快乐，让我们跟着快乐天使去旅游吧！

现在我们先组成六支"快乐小队"，请每位同学拿一张"笑脸牌"，根据"笑脸牌"背后的队名找到自己的小队，每个小队围坐成一圈。谁拿的笑脸背后贴有可爱的动物，谁就幸运地当上了队长。

2. 组成快乐小队

（1）学生随着《铃儿响叮当》的乐曲组成"快乐小队"。

（2）队长带领队员大声喊出队名。

二、 团体转换阶段： 分享快乐故事

1. 说说快乐事

（1）今天让我们一起坐上"快乐大巴"开始快乐之旅。我们的目的地就是这个快乐岛上的"快乐果园"。（课件出示快乐大巴、快乐岛、快乐果园，

如右图）

为了给我们的旅途增添快乐的气氛，我们来说说让自己快乐的事情吧。（学生分享）

（2）教师点评：以愉悦的心情看世界，一切都是那么美好。

（投影："快乐是什么"）

快乐，是与好朋友聊有趣的话题；

快乐，是与小狗一起跑步、游戏；

快乐，是听到老师一句赞扬的话；

快乐，是吃完饭后大声地打一个嗝；

快乐，是一杯热腾腾的牛奶，一份满意的答卷，一个会心的微笑，一首动听的乐曲，一声亲切的问候………

哦，快乐，就是这么简单。

2. 演演快乐戏

（1）教师引导：在我们的欢声笑语中，"快乐大巴"已不知不觉来到了海边。你们看，船已经在等我们了。让我们扬起快乐的风帆，继续向快乐岛行驶。

据说，快乐岛上流传着这样一个传说：

从前有一个老婆婆，她的两个女儿都嫁到了很远的地方，大女儿家卖雨伞，小女儿家卖太阳帽。两个女儿的生意都很好，可是，这位老婆婆不管晴天还是雨天都愁眉苦脸，邻居问她为什么事发愁，她说："我整天为两个女儿家担心，晴天，大女儿家的雨伞就没人买了，而下雨天，小女儿家的太阳帽怎么卖得出去呢？你说，我能不愁吗！"这位邻居听了，对老婆婆说了一句话，老婆婆就开心地笑了。

（2）讨论：为什么老婆婆不管是晴天还是下雨天都会发愁呢？你们猜，邻居说了什么话，老人就开心地笑了？

（3）请两个小队现场表演，全班讨论哪一队的表演更能使老人开心。

（4）教师点评：换个角度看问题，会使你心情豁然开朗。

三、 团体工作阶段： 寻找 "快乐秘诀"

1. 秘诀 1——分享快乐，倾诉烦恼

（1）教师引导：大家来到"快乐岛"都是为了寻找快乐。可是，我们的生活中，并非总是充满欢声笑语。那么怎样才能拥有更多的快乐呢？记得有人说过——如果把快乐告诉给一个朋友，你将得到两个快乐，如果你把忧愁向一个朋友倾吐，你将分掉一半忧愁。他的话到底有没有道理呢？谁能举个例子来说一下。（引导学生结合前面的课堂交流及生活实际举例说一说）

（2）教师点评：当你将快乐与人分享时，那么快乐就加倍了；当你有了烦恼的时候，把憋在心里的烦恼统统倒出来，那么心情就会好很多。当然，如果有些烦恼你认为不适合像今天这样在课堂上向这么多同学、老师倾诉，那么，还可以用什么样的方式来倾诉呢？

（3）学生分享其他倾诉方式：

向好朋友倾诉——找一个自己信任的朋友，说说自己的不快，听听朋友的建议。

向亲人们倾诉——父母是最爱你的人，也是最值得你信赖的人，烦恼时跟他们说说心里话。

向日记本倾诉——写一写日记，写出心中所有的不快。

向大自然倾诉——找一个僻静的地方，对着天空大喊，对着小河诉说，对着大树抒怀……

现在，老师要恭喜大家，你们已经成功地找到了"快乐岛"上的第一个秘诀——分享快乐，倾诉烦恼。

2. 秘诀 2——凡事多往好处想

（1）讲故事：《一只蜘蛛引发的思考》。

雨后，一只蜘蛛艰难地向墙上已经支离破碎的网爬去，由于墙壁潮湿，它爬到一定的高度就会掉下来。它一次次地向上爬，一次次地掉下来……

第一个人看到了，他叹了一口气，自言自语道："我的一生不正如这只蜘蛛吗？忙忙碌碌而无所得。"于是，他日渐消沉。

第二个人看到了，他说："这只蜘蛛真愚蠢，为什么不从旁边干燥的地方绕一下再爬上去呢？我以后可不能像它那样愚蠢。"于是，他变得聪明起来。

第三个人看到了，他立刻被蜘蛛屡败屡战不放弃的精神感动了。于是，他变得坚强起来。

（2）学生分享感受。

（3）教师点评：对待同一件事情，因思考的角度不同，就会产生不同的想法。凡事多往好处想，就可以少一些烦恼与苦闷，多一些喜乐与平和。

（4）换个角度找快乐。你们有没有凡事都往好处想的习惯呢？现在，老师这里收集了一些同学们平时学习生活中会遇到的事情。这些事，粗看可能有些糟糕，可细细一琢磨，或者稍稍转个弯，又能转化成"快乐的源泉"。看看你会怎么想

①傍晚，平平参加完学校的大扫除回家，一路走得是大汗淋漓，口干舌燥。到了家，他看见茶几上放着小半杯开水，便气呼呼地说："怎么这么倒霉，我这么渴，可偏偏只有这么一点。"（如果你是明明，你会怎么想）

②今天是明明的小组值日，可组里有两个同学没打招呼也没做值日就回家了，6个值日生只剩下了4个。明明觉得特别生气，心里一直埋怨这两个同学。（如果你是明明，你会怎么想）

③如果有个同学老是拿你的一个缺点来嘲笑你，你会怎么想？

（5）教师点评：看来，一个人快乐不快乐，很多时候取决于心态。面对同一件事，有的人就能想到好的一面，有的人只能想到让人烦恼的一面。所以，想要获得快乐，就得学会改变让自己不快乐的想法。

3. 秘诀3——每天脸上带微笑

（1）教师引导：众人拾柴火焰高。我相信，除了我们刚才通过活动找到的快乐秘诀，在我们的同学中，肯定有不少人拥有自己独特的快乐秘诀。

（2）学生在小组内介绍快乐秘诀，教师在学生分享的基础上随机归纳：

脸上常微笑：早上出门前，对着镜子微笑，说："今天会是快乐的一天！"

给自己信心：不要拿放大镜看自己的不足，对自己说："我很棒！"

转移注意力：在不快乐时想一些快乐的事，唱一唱轻松快乐的歌。

多读开心书：读一些有助于调节自己情绪的书、快乐的格言，领悟其中的道理。

四、 团体结束阶段： 收获 "快乐果实"

1. 走进"快乐果园"

教师引导：你们看，"快乐果园"到了，"快乐果园"有个规定，每人必须献上一个"快乐金点子"才准许入园。请同学们将你的"快乐金点子"写在"笑脸牌"上，然后每队选出最能让人开心的一句话与大家分享。（播放轻音乐）

2. 分享"快乐金点子"

每队代表站起来大声朗读，并贴在大转盘上。

3. 采摘"快乐果"

（课件出示）我们终于到达了目的地，大家看，这棵快乐果树上的果实真大呀，我们请"快乐天使"摘下这些神奇的快乐果，与所有的同学一起分享吧。（点击果子后，可以打开一句格言）

快乐是送给自己最好的礼物。

善于把快乐带给别人的人，自己更快乐。

一份快乐，两人分享，就是两份快乐。

4. "快乐之旅"总结

同学们，"快乐之旅"让我们满载而归，最后请大家带上歌声与微笑，愿快乐与我们永远相伴。（播放《歌声与微笑》）

活动反思

本节心理辅导活动课的设计环环相扣，紧扣辅导目标，以快乐为基调，创设富有故事性的课堂活动，消除了学生的拘束感，让团体活动在温馨安全轻松的环境中逐步深入。具有趣味性的课件导入，现场组成"快乐小队"，又体现了心理辅导课的自主性、活动性和现场生成性，给学生以轻松愉悦的感觉，达到了让每一个学生都参与活动，让每一个学生都感受和体验到快乐的效果。

在团体转换阶段中，通过对故事中老婆婆想法的讨论，使学生明白老婆婆整天发愁是因为遇事总往坏的方面想。让学生讨论、表演对老婆婆说的话，让其感悟到如果换个角度看问题，会使人豁然开朗。在团体工作阶段，设计了寻找"快乐秘诀"的三个活动，其中"分享快乐、倾诉烦恼"、"凡事多往好处想"这两个小环节，让学生在课堂上不仅可知，而且可感。而对于其他的方法，学生们也有了一个初步的了解。因此达到了点面结合、重点突出的效果，基本达成了辅导目标。最后，在团体结束阶段让学生分享"快乐金点子"，使学生进一步感受到快乐的情绪对人的重要性，激发学生积极向上的热情，强化学生健康快乐的情绪体验。

"当快乐成为一种习惯的时候，你甚至不用为快乐寻找理由。因为快乐，所以快乐。"这是我们设计本活动的根本理念。

（浙江省温州市龙湾区永中第二小学　陈丽霞

浙江省丽水市缙云县紫薇小学　胡伟敏）

【活动参考资料】

做一个最快乐的人

谁是这个世界上最快乐的人？一位英国编辑提出了这样一个问题，并且向能给出最佳答案的人提供奖品。当获奖名单公布之后，人们大吃一惊。

以下是获奖者：一位整日劳碌、为孩子洗澡的母亲；站在自己完成的作品之前，吹着口哨的艺术家或工匠；在海边堆沙子的小孩；一位刚刚成功完成高难度外科手术，挽救了一位病人生命的医生。

我们每个人都可以在这个获奖名单上加上更多的名字，比如，一位老师看着自己的学生逐渐成熟，或者一位政治家发起或实行了一项增加人类福祉的计划。

如果对各种形式的快乐进行观察和研究，我们就会发现，每个快乐的人在做某件事情时都心无旁骛而且充满兴趣，在做事情的过程中全然忘记了自我。是一种自我展示的心理造就了成功，而不是成功之后的荣耀和所要做的事情本身造就了成功……随着时间的推移，如果某件事情变得不朽，那是因为人们在做这件事情的时候充满了一种忘我精神。

当我们认真思考了一下的时候，就会发现，道理是简单的。只要我们愉快地运用自己的能力，多创造一点点美丽、一点点快乐就可以了。这个道理太简单了，以至于没有人发现。

如果我们不快乐，心情郁闷，对自己的生活很不满意，只要我们遵循这条原则，就可以赢得奖品。

（牛顿：《活在当下：365 日静心课》）

活动专题 21 | 我能"心地更宽容"（宽容）

【活动参考目标】

1. 了解与理解

（1）了解同学之间的冲突往往不能百分之百得到解决。

（2）了解"宽容"是防止进一步伤害的最明智的办法。

2. 尝试与学会

（1）尝试在个人利益受到轻微损害时，能做到不斤斤计较。

（2）尝试用"空椅子对话"的方法来调整自己的心态。

3. 体验与感悟

（1）体验宽容的心态给自己心情上带来的平和、释放与宁静。

（2）感悟"学会遗忘"、不耿耿于怀对自己身心的积极意义。

【活动参考课例】

一退一让，有容乃大

——我能"心地更宽容"

活动理念

人际关系的好坏是衡量心理健康的重要标志之一。维持良好的人际关系需要有豁达的心态，做到宽容和谅解。如今的教育往往更注重知识的传授，忽略人文精神的传承，导致现在很多学生在与同学发生矛盾时，缺乏宽容心、不善于主动和解，同伴间的友谊受到伤害。

本次心育活动课从学生的生活实际入手，比较几种不同的人际关系处理方式，帮助学生认识到宽容他人的重要性，引导他们在交往中学会互相尊重、互相体谅、互相谅解，遇到矛盾时能尝试着以宽容的态度去解决。

活动准备

每组 1 根绳子；每人 1 张"宽容心卡片"；两把椅子；多媒体课件；笑脸卡片若干。

活动过程

一、 团体热身阶段： 你 "结" 我 "解"

1. 游戏规则

（1）同桌两人一组合作，一位同学先给绳子打五个结。（必须打实，但不能打得太死）

（2）开始计时，另一位同学快速解开这五个结，先完成的同学就马上站起来。（时间控制在 1 分半钟，时间一到就结束比赛）

2. 学生游戏

祝贺这些站起来的同学，在规定的时间内顺利完成了任务。坐着的同学，你们有什么想法吗？（学生可能会埋怨对方打结打得太死、解结解得太慢等）

在学习生活中，我们经常会跟同学发生这样那样的不愉快，出现一些磕磕碰碰。这不，前几天小红和小强之间就发生了一件事，我们一起来看看。

二、 团体转换阶段： 磕磕碰碰

1. 观看视频:《同学之间》

小强抱着篮球跑进来，跟正要去交美术作品的小红撞在了一起，小红的美术作品被弄脏了。

2. 分组讨论

（1）说一说小红与小强之间发生了什么事？

（2）你觉得他们之间接下来可能会发生什么事？

（先小组讨论，再全班交流）

3. 演一演

（1）对同一个问题采用不同的处理方法，会产生不同的结果。假如你是小红或者小强，你会怎么想、怎么做呢？

（同桌两人一组，想一想、演一演）

（2）请几组学生表演。每组学生演完后教师提问："你们是怎么想的？有什么感受？"

（3）教师点评：小红原谅小强，可以使自己的心情更舒畅，而且能拥有更多的朋友；否则两人恶言相向，甚至成了仇人，心里都不会舒服。

三、 团体工作阶段： 一退一让

1. 萧伯纳的宽容心

（1）播放录音故事：《萧伯纳与小男孩》。

爱尔兰文豪乔治·萧伯纳一生共写剧本50多部。晚年的萧伯纳腿脚不灵便。一天，他在街头散步，一边走一边思考问题。这时，马路上一个小男孩骑着单车来到街头，摇摇晃晃行驶过来，突然他的单车猛地撞到了正在走路的萧伯纳。小男孩害怕极了，紧张得直哆嗦。他结结巴巴地对萧伯纳说："对……对……对不起，我不是故意的！"萧伯纳诙谐地说："小朋友，幸好你用力不太大，要是你再加点儿劲，你就可以因为撞死萧伯纳而名垂青史了。快把我扶起来！"小男孩吃惊地说："萧伯纳？您就是萧伯纳？真是对不起！"他连忙扶起萧伯纳。萧伯纳站起身，整理好衣服，又朝前走去。小男孩更吃惊了，说："您不打算惩罚我吗？"萧伯纳笑笑："难道你还想因为受到萧伯纳的惩罚而名扬天下吗？"说完，萧伯纳又优哉游哉地朝前走去，留下了吃惊的小男孩。

（2）小组讨论：听了故事，大家想想萧伯纳的做法有没有让你特别欣赏的地方？

你能学学萧伯纳，用幽默的语气对故事里的小男孩说一句话吗？

（3）教师点评：宽容就是少一点斤斤计较，多一点将心比心。你在和同学相处时，能不能去尝试"将心比心"、宽容对方呢？

2. 尝试"空椅子对话"

（情景：排队去做早操时，小军踩着了我的脚后跟）

（1）教师示范。教师请一位志愿者出演小军，来和自己一起表演，然后互换角色。最后让志愿者说说他自己心里是什么感受。

（2）学生练习，可以是发生在自己身上或身边的事，也可以是老师提供的情境——

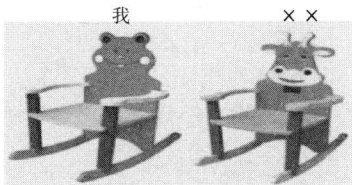

换把椅子坐坐

我　　　×　×

情景一：同桌小丽说是我拿了她的小刀，后来证明我没拿。现在她来跟我道歉，我……

情景二：王兰和李萍是好朋友。有一天，王兰看到李萍和赵蓉在一起说悄悄话，她很好奇，也有点嫉妒。中午放学时，王兰凑到李萍跟前，问她在跟赵蓉说什么秘密，没想到李萍却说："这可不能告诉你！"王兰立马生气了，扭头就走。

每个学生选择一个事例进行"换把椅子坐坐"的演练。

（3）请几个学生到讲台前演示。

（4）讨论：大家用了"换把椅子坐坐"的方法后，对矛盾、冲突的化解有什么心得吗？

（5）教师点评：要多站在别人的立场上，用别人的视角来看问题，遇事多想想"我也会有这样的时候"、"我遇到这样的事情会怎么样"。这样，我们就能更好地理解别人，化解矛盾和冲突。

3. 赠送"宽容心卡片"

（1）如果把我们的宽容心比作一片红色的枫叶的话，那么你想把卡片送给谁呢？为什么？（学生可能回答：送给自己、送给对自己宽容的人、送给需要自己宽容的人……）

（2）学生分享，说明自己的理由。

［当学生说到要原谅、宽容对方后，教师根据事件的具体性质（无明显伤害性），随机请出事件的双方当事人谈谈经过，并追问：你当时为什么没宽容？你是怎么想的？现在又是怎么想的？］

（3）教师点评：把你们刚才说的话概括起来，就是：宽想法、宽心胸、容错误、容伤害、容误会。（音乐声中，学生赠送卡片）

（图中文字：不愉快的事　现在的想法　当时的想法）

四、 团体结束阶段： 有容乃大

1.“宽”＋“容”＝“宽容”

（1）教师引导：用一句话或一个等式来说说对宽容的理解，你最想说什么？

（宽容＝友谊＋快乐，宽＋容＝宽容，宽容就是将心比心、设身处地替别人着想……）

（2）小组讨论、交流后，全班分享。

2. 教师小结

我们的生活中会有矛盾冲突发生。如果每个人都能以宽容心原谅对方的过失，做到“一退一让”的话，我们的关系肯定会更加融洽，冲突一定可以迎刃而解。愿同学们友谊天长地久！

活动反思

本节课对于宽容的内涵归纳得很好，那就是“宽＋容＝宽容”，遇事要少一点斤斤计较，多一点将心比心。我们在教学时，应遵从学生的认知规律，从“宽容让自己有个好心情”，到“学会将心比心”，宽容他人，用幽默的方式来化解同学间的矛盾，整个设计思路清晰。

本节课活动形式多样，学生能够从游戏中得到体验，从故事中受到熏陶，从讨论中明白事理，从自省中矫正行为。课堂有趣生动、轻松、自由、民主，学生畅所欲言，体验和感悟比较深刻，活动富有成效。

（浙江省宁波市朱雀小学　陈蒙盛
浙江省宁波市江东区实验小学　吕　娜）

宽恕别人的最大受益者是宽恕者自己

宽恕不仅令被我宽恕者获益，对宽恕的人也是一样。宽恕并不一定非要做了错事的人先认错。宽恕的过程与决定并不要求别人的参与，纯粹是宽恕者自己的事。研究表明，当人们放弃了长期的积怨后，血压会下降，情绪会更放松，心理会变得更健康。研究者们还发现：这些人的自信心会上升，压力会下降，面对未来会有更多的希望，会变得更乐观。与此形成对照的是，如果不愿意宽恕，则会给自己带来负面的影响。这种影响不仅殃及自己，也会对子孙后代造成遗患。当人不愿意宽恕时，他们会变得自我压抑，把能量投注到愤怒和报复的想法上，在心里把受到的伤害一遍又一遍地重复着。有些人开始无法集中精神于谋生或照顾孩子等重要的事情上。这种行为障碍会逐渐演变成家庭生活中的一部分。不论他们自己是否意识到这种行为，都会对他们的孩子的心理健康造成严重的影响。宽恕可以打破这种恶性循环。宽恕他人很重要，同样的，宽恕我们自己也很重要。事实上，有越来越多的证据表明，宽恕自己的瑕疵与错误，对我们自身的健康和保持与别人的良好关系来说，都是必不可少的。

（狄维士：《美国的故事——健全人格的 24 种要素》）

活动专题 22 | 我能"不做小火山"（自控）

【活动参考目标】

1. 了解与理解

（1）理解愤怒是人之常情，愤怒不仅不能解决问题，反而会使矛盾升级。

（2）初步认识表达愤怒要注意选择正确的场合、时间、方式，把握表达愤怒的分寸。

2. 尝试与学会

（1）尝试评估同伴的言语行为的真实意图，防止因"误判"而发火。

（2）在角色扮演中初步学会运用各种有效方法来控制自己的愤怒情绪。

3. 体验与感悟

（1）在模拟情境中体验愤怒只会使原本糟糕的情况变得更糟。

（2）感悟有效控制自己的愤怒情绪给人际交往带来的益处。

【活动参考课例】

愤怒，但不要伤人

——我能"不做小火山"

活动理念

随着年龄的增长，小学高年级学生已经具备了一定的情绪控制能力。然而，在这个生理和心理都会发生明显变化的特殊时期，学生的情绪波动性很大，易对外界事物不满并产生较强的情绪反应。这种不良情绪会给学生的身心带来极大的危害。因此，本次活动旨在通过形式丰富的活动，帮助学生了解愤怒情绪所造成的不良影响，使其学会恰当、合理地宣泄情绪和控制、调节愤怒情绪的方法。

活动准备

有关火山爆发的视频；小品《火山爆发》；课前进行不记名调查，将学生的答案装入纸袋中备用。

活动过程

一、团体热身阶段：话说"火山"

1. 话说"火山"

同学们，大家可能都看过或者听说过有关火山的报道。在你的想象中火

山爆发是什么样的呢？（学生发言）今天，就让我们和火山来一次"亲密接触"！（播放火山爆发的短片）

2. 教师点评

火山爆发可真厉害啊！那么，你是否知道，在我们人类千变万化的情绪中有哪一种是和火山爆发最相像的呢？

二、 团体转换阶段： 怒火喷发

1. 情绪"火山"

（1）教师引导：同学们说得真好，愤怒的情绪就像火山爆发时一样厉害。瞧，有那么一家人，本来快快乐乐的他们，却突然被"火山"给袭击啦！

（播放小品《火山爆发》）

（2）分享：看了这个小品，你对愤怒情绪这座"火山"有什么新认识？

2. 教师点评

愤怒情绪，是每个人都难免的。但愤怒的情绪如果处理不好，就会像火山一样喷发出来，它滚烫的岩浆不仅会把周围的人烫伤，而且会把自己也烧得体无完肤。

三、 团体工作阶段： 不做 "火山"

1. "心灵碰碰车"

（1）老师在课前做了个小调查，发现我们班有不少同学最近也碰上了让他们气愤的事，让我们搭上"心灵碰碰车"去选两个来看看。（进行这一环节时，可让学生从纸袋中随意抽取两张纸条）

（2）教师宣读纸条上的事件：

情境一：……这时，甲会……

情境二：……这时，乙会……

（3）分组讨论：如果你是甲或乙，你心里的感受是什么，你会怎么做？

具体要求：将全体学生分为6组，每组自由选择一个情节，先做组内讨论，然后派出代表将本组的讨论结果表演出来。（要特别注意对表演的学生进行适当的情境引导）

（4）小组互评，若不赞同别人展示的方法，也可提出更合适的应对方式。教师及时对过激行为进行引导。

2. "妙招大看台"

（1）教师引导：刚才同学们为了不让甲和乙这两座"小火山"爆发，给他们出了一些控制愤怒情绪的妙招。你还有哪些控制愤怒情绪的好方法？

（2）学生发言，并给自己的方法命名。教师将方法和"策划人"的名字记录在黑板上。

（3）教师点评：同学们，这么多方法，哪些是你以前没用过的？现在请你在小组里说一件自己遇到的令你生气的事情，并且用上一个黑板上提示的既能适度表达愤怒、又能控制过度愤怒的小策略。

3. 钉子的启示

老师要和大家分享一个很奇特的控制愤怒的小策略。

（投影：《钉子的故事》）

有一个男孩脾气很坏，于是他的父亲就给了他一袋钉子，并且告诉他，每当他发脾气的时候就钉一根钉子在后院的一块厚木板上。

第一天，这个男孩钉下了37根钉子。第二天，他发现控制自己的脾气要比钉下那些钉子来得容易些。

慢慢地，每天钉下的数量减少了。终于有一天，这个男孩再也不会失去耐性乱发脾气了。他告诉他的父亲这件事，而父亲告诉他，从现在开始，每当他能控制自己的脾气时，就拔出一根钉子。

一天天过去了，最后男孩告诉他的父亲，他终于把所有钉子都拔出来了。

（1）"头脑风暴"：给故事写一个结尾。

我们这个故事还少了一个结尾。请同学们在组内讨论一下，在故事的最后，你们认为父亲会和儿子说什么？

（2）全班讨论，说说各自的设想。

四、 团体结束阶段： 勿伤人心

1. 续说《钉子的故事》

同学们说得都很棒！那大家想不想知道父亲到底对儿子说了些什么呢？

父亲握着他的手来到后院说："你做得很好，我的好孩子。但是看看那些木板上的洞，这块木板将永远不能恢复成从前的模样。你生气的时候说的话将像这些钉子一样留下疤痕。如果你拿刀子捅别人一刀，不管你说多少次'对不起'，那个伤口将永远存在。话语的伤痛就像真实的伤痛一样令人无法承受。"

2. 分享感受

（1）提问：你心里有什么感受要和大家分享吗？

（2）教师小结：愤怒是人之常情，但切记勿伤人心。与其事后为自己伤害了别人而后悔，不如现在就学着去控制自己的愤怒情绪。不要为一点小事而大动肝火。希望今天这节课能够陪伴大家成长——让我们不做"小火山"！

活动反思

这节课的开头，我通过让学生观看火山的短片，让学生体验愤怒情绪带来的危害。在团体工作阶段，考虑到学生在平时已经有了自己习惯的处理愤怒情绪的方法，因而在"妙招大看台"中，我将学生提供的方法和"策划人"的名字都列在黑板上，提问"这么多方法，哪些是你以前没用过的"，学生在听取了他人的方法后，便会不断地把自己的方法与之加以比较，在确定其他方法更为省事有效时，他便会倾向于选择新方法。这样一来，学生原有的认知受到了有力的冲击，并且进行了有效的经验重组。这个过程也就是他们不断"社会化"的过程，他们会受到周边同伴的影响，从中吸取有利于自身发展的观念或做法，从而使自己的行为更加符合社会的期望。

（浙江省温州市实验小学　陈书黛）

【活动参考资料】

马丁·路德的自控策略

让我们来看看马丁·路德在莱比锡与对手辩论时的表现吧——他的手里

捧着一束鲜花，当辩论进行到最激烈的时候，他就会停下来，闻一闻手中的鲜花。也许他的对手会认为他在哗众取宠，但每一个了解马丁·路德的人都知道他是一个性情中人，喜欢鲜花、小鸟、音乐。这还不足以给我们以启发吗？辩论是一时的，朋友却是永远的，花朵早晚都会凋谢，留下的余香却能长存心底。

在生活中，很多人同样缺少容人的雅量，特别是在与人争论的时候，有时唇枪舌剑已成了我们说话的唯一方式，得理不饶人，无理讲三分，无论多么有价值的辩论，最后都以不欢而散结束，难道这就是我们辩论的初衷吗？我们当然要有所坚持，但是在表达自己的不同见解时，我们完全可以用一种温和的、与人为善的方式，就像马丁·路德做的那样。当然，我们的手里不一定有鲜花，但是只要我们抱着这种友好的态度，对方就一定能感受到我们的香气。

（纽顿：《快乐心理学》）

活动专题 23　我能"培养好性格"（积极）

【活动参考目标】

1. 了解与理解

了解性格具有多样性，不良性格是可以改变的，良好性格是可以培养的。

2. 尝试与学会

尝试区分受欢迎的性格和不受欢迎的性格，并学会通过自我评价和同学评价认识自己的性格特点。

3. 体验与感悟

领悟培养良好的性格应从小事做起。

【活动参考课例】

性格脸谱

——我能"培养好性格"

活动理念

　　小学高年级的学生对自己的性格和别人的性格都开始有一些初步的认识，他们会根据一个人的明显的性格特征推断他可能出现的行为。本课旨在帮助学生了解人类性格的多样性和一个人性格的多面性，让学生认识到，良好的性格是可以培养的，不良性格也是可以改变的。

活动准备

　　"性格脸谱博览图"、"我的性格脸谱图"、"你看我是什么性格"表人手各一份；拍摄近期学生生活、学习场景；相关图片、音乐的课件；6人一小组围坐、便于学生走动交流的场地。

活动过程

一、团体热身阶段："拇指问好"

　　1. "拇指问好"游戏

　　（1）用我的拇指代表我自己，向大家问个好！（教师弯曲拇指，示意"点头"）你也可以用拇指向老师问好。（学生做手指游戏）

　　（2）大家用同样的方法和周围伙伴问好，和离你比较远的伙伴们问好。

　　2. 分享游戏心情

　　（开心；高兴；激动；开始有点紧张，现在放松了）

二、团体转换阶段：认识脸谱

　　1. 脸谱与性格

　　（1）教师引导：（出示"笑脸"脸谱）我们用这张笑脸代表我们此时的心情，如果一个人经常以笑脸出现，你觉得他可能会具有怎样的性格？（开

朗；乐观；很积极；对人友善，生活中没什么烦恼）

（2）（出示"生气"脸谱）如果经常以这张脸出现，可能会具有怎样的性格？（粗暴；很不友善；爱发脾气；容易暴躁、发火，很任性）

（3）（投影：24 张性格脸谱）一张脸谱就像是一个符号，对应一种性格特点。人类的性格多种多样，这 24 种是最基本的。

2. 小说人物与性格

（1）我们熟悉的《水浒传》中，每个人物都有其各自的性格特点。看这些图片（如下图），你可以看出这些人物是什么性格吗？

（2）小组交流，然后全班分享。

（3）教师点评：人的性格可以说是千差万别，我们同学也是一样。心理学家认为，人类的性格特征有几十种甚至上百种。人与人之间性格会存在很多不同，一个人身上也往往会出现多种性格特征。

三、 团体工作阶段： 双向评价

1. 我的"性格脸谱"

请你根据自己的性格特征，挑选五个最适合自己的脸谱，再根据主要特征和次要特征排列顺序，将脸谱下的性格特点写在圆圈内。（装入信封，不给任何人看见）

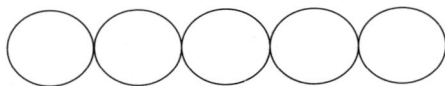

2. "性格博览会"

（1）教师引导：在同学眼中我的性格又是怎样的呢？让我们进入"性格博览会"。（课件出示表格）

（2）活动要求：在表格上写下自己的名字，离开座位找 4 位同学填写，只写特点不画脸谱。请被邀填写的同学坦诚地写出自己的想法，主人不参与同学对自己的评价。

你猜我是什么性格

姓名：

同学	我的性格脸谱
认为	◯ ◯ ◯ ◯
认为	◯ ◯ ◯ ◯
认为	◯ ◯ ◯ ◯
认为	◯ ◯ ◯ ◯

　　拿出两张纸，核对一下：你为自己选了什么？同学为你又选了什么？你们看法一致吗？

　　□基本一致　　□不太一致　　□很不一致

（3）统计每种情况的学生人数。

3. 脸谱"对对碰"

（1）大家说说同学为你选择的和自己选择的性格特点的相同点和不同点，你们有什么感受？

所选基本一致的学生分享：

生1：同学和我的意见基本一致，但在家里我很懒惰，同学没有一个说我懒惰的，我觉得很意外。

师：可以说说你在家里懒惰的表现吗？

生1：我小时候，爸妈让我叠衣服，我都认真叠好，但现在就不愿意。

师：看起来是有些"懒"了，为啥在学校里就不懒惰呢？

生1：想给同学留下好印象。

师：懒惰会给人留下不好的印象。你已经注意到了这一点，相信也会有所改变。

生1：是的，我会改变的。

所选不太一致的学生分享：

生2：我自己很粗心，别人没有写我粗心的。

师：可以邀请写意见的同学交流一下，听听他们怎么说。

同伴 A：她做事想得很周到，平时也没有什么东西落在家里的。

同伴 B：她非常细心，总体来说不粗心。

同伴 C：她平时的作业错误率低，卫生也搞得很干净。

师：听了他们的意见，现在有什么感觉？

生 2：我考虑的和他们考虑的完全不一样。

师：这说明你对自己的要求比较高。

所选很不一致的学生分享：

生 3：我选冲动、粗鲁、固执、真诚、有爱心，可同学却选了乐观、积极等好的一面。

师：意外吗？

生 3：不意外。

师：为什么？

生 3：因为我平时可能性格多变，同学们发现了我比较直接的一面。

师：你也有一双发现美的眼睛，发现了同学们包容的优点。我想了解一下，你在什么时候比较冲动？

生 3：我很固执，总想让别人听我的，不听我时，我就会和他们闹矛盾。

师：可以说说和谁闹过矛盾吗？

生 3：同伴 D 和同伴 E。

教师：（转向这两位同学）当时生 3 用这样的态度对你，你是什么感觉？

同伴 D：生气！

同伴 E：有点不喜欢他。

师：你听了他们的话，又有什么感觉？

生 3：我知道固执、冲动是不对的，会伤了同学间的和气。

师：你是以前就知道不太好，还是今天才知道的？

生 3：以前知道一点点，今天完全知道了。

师：那么以前尝试过控制自己的情绪吗？

生 3：有。

师：怎么做的？有效果吗？

生 3：冷静一点，走开，还是有点效果的。

师：同学们有没什么好办法提供给他，帮助他更好地控制自己的情绪？

生4：可以听听音乐。

生5：想想以前发生的开心的事。

（2）教师点评：同学们能够坦诚相对，真诚地交流自己内心的想法，老师很感动，感觉大家心与心的距离是那么近！相信每个同学都在这个过程中有所收获和成长，老师也在一起成长！

四、团体结束阶段：性格 "留影"

1. 投影出示"心灵鸡汤"

同学们刚才说的话恰恰验证了某位著名心理学家的一句话：（投影出示）

性格不是生来具有的，而是在人的活动和环境相互作用下形成的。从社会评价的角度来看，性格有好坏之分，它是可以改变的。

播种一种行为，收获一种习惯；播种一种习惯，收获一种性格；播种一种性格，收获一种命运。

你从这句话中明白了什么道理？（全班讨论、交流）

2. 延伸活动

（1）找一个你最好的朋友谈谈自己性格中积极的一面和不足的一面，听听他对你性格的分析。

（2）对于课堂上出现的不一致的评价，或心里感到疑惑的内容，课后可以找做出评价的同学沟通、了解，也可以到心理辅导室找老师谈谈。

3. 精彩瞬间看性格

教师点评：决定命运的是性格，决定性格的是习惯，习惯就是在平时一点一滴的行动中培养的。希望大家多关注自己的一言一行，从小事做起，逐步完善自己的性格，把命运掌握在自己手中！

活动反思

这节课的环节紧扣主题，动静结合，没有多余、冗长的内容。一开始的热身活动，简单易操作，生动有趣的形式一下子活跃了课堂气氛，拉近了师生的距离，也为紧接着出现的笑脸脸谱做了铺垫。团体转换阶段中，看脸谱了解多样的性格特征为"静"，看《水浒传》人物图片为"动"；团体工作阶段中，给自己选择脸谱，感受自己的性格为"静"，进入"性格博览会"同学评价为"动"，这样的设计符合团体动力的规律，一浪一浪推着走。

感觉这堂课操作的难点在于，对自己选择的性格特点和同学选择的性格特点进行比较并分享感受。这一环节的资源全部是现场生成，对教师运用"倾听、同感、回应、引导、自我开放"等技巧要求比较高。教师必须临场发挥，灵活引导，分享得透彻，才能取得比较好的效果。这堂课抓住了现场生成的辅导资源，引导学生进行深入的思考和自我探索。特别是对生3的引导，不但较好地表达了老师的理解和支持，而且对其进行了深入的价值引导。活动学生参与率很高，注意力高度集中，氛围比较好。

（浙江省杭州市夏衍小学　庞丽美）

【活动参考资料】

塑造出最好的自己

我们出生时都有自己的性格特征，就像是含有不同成分的原料组成了不同的石头。每个人都有自己所属的那块石头。有些人是花岗岩，有些人是大理石，有些人是雪花石膏，有些人是砂石。我们所属的岩石种类不会改变，但其形状却可以变换。所以，这就是我们的性格。我们有自己内在的物质。有的人开朗，就像岩石中点缀着美丽的金粒；有些人古怪，就像灰色断层线破坏了岩石的完美。我们的条件、智商、国籍、经济、环境和父母的影响都能塑造我们的个性，但岩石的内在本质却不会改变。我的气质是真正的"我"，但我的个性却是我穿在外面的裙子。早上，我从镜子里看到一张平凡的脸、直发和丰满的身材，这是真正的我。谢天谢地，通过化妆，我可以在一小时内，创造出一张明丽的脸庞，可以用卷发器把头发弄卷，可以穿合体的服装来掩饰过多的曲线，我让"真我"焕然一新了，但我永远不可能改变内在"真我"。假如我们能了解自己：了解我们是由什么组成的；了解我们真正是谁；了解我们为什么会这样做事；了解我们的优点及如何发挥优点；了解我们的缺点及如何克服缺点。一旦了解了我们是谁，为什么我们会这样做事，我们就开始了解了内在的自我，从而改善个性，学会与别人相处。我们不会再试图模仿别人，穿同样鲜艳的裙子或系同样新颖的领带，或为自己的性格而哭泣。并且我们将会利用现有的原料，塑造出最好的自己。

（莉托：《性格解析》）

活动专题 24　我能"勤奋求进取"（有志）

【活动参考目标】

1. 了解与理解

了解从小树立远大理想对提高学习效率的重要性。

2. 尝试与学会

（1）树立勤奋进取的人生态度，脚踏实地，从小事做起、从实事做起、从现在做起。

（2）尝试制订可以立即实施的具体行动计划。

3. 体验与感悟

想象自己长大后可能成为哪一方面的有用人才，体验由此带来的心灵上、情绪上美妙的感受。

【活动参考课例】

我的未来，我的梦想
——我能"勤奋求进取"

活动理念

有目标才有动力，理想是我们前进的航标，理想能给一个人带来不断进取的巨大动力。小学高年级的学生自我意识极大提升。这一阶段是学生人生观、价值观逐步形成的重要阶段，对这一阶段的孩子进行学习目标的教育与人生理想的引导尤为重要，可以达到事半功倍的效果。

活动准备

多媒体课件；绿色树叶形卡片每人 1 张；两份表格。

活动过程

一、 团体热身阶段： 心灵序曲 《蜗牛》

1. 播放周杰伦的《蜗牛》

谁听过这首歌？这首歌的歌词你听懂了吗？大致是在讲什么内容？

（这首歌讲的是一只蜗牛的故事，它为了实现自己那大大的梦想，一步一步往上爬，相信总有一天会实现自己的梦想）

2. 我有梦想吗

（1）连那小小的蜗牛都有梦想，你有梦想吗？

（学生自由发言谈梦想）

（2）教师点评：当梦想成为我们的理想时，它就成了我们前进的目标，带来前进的动力。理想就像是一对七彩的翅膀，将载着我们飞向美好的未来。

二、 团体转换阶段： 小愿望， 大动力

1. 小调查

（1）做小调查（调查可以在课前做，内容是调查学生周末在家完成作业的效率如何）。

（2）教师根据学生的反馈统计结果，让学生说说效率高低的原因。

（3）（提问某位效率高的学生）老师很想知道让你提早完成作业的动力是什么，你能告诉我们吗？

（4）教师点评：如果我们的学习和生活有了目标，效率就会大大提高。

2. 志当存高远

通过刚才的调查我们发现，仅仅是增加了一个小小的愿望，就已经产生了如此强大的动力，如果我们树立了远大的理想，让理想引领着我们朝着这个目标去努力，那将会是什么结果呢？

（1）出示李时珍及《本草纲目》的图片和资料。

李时珍的理想是编写一本医书《本草纲目》。为了实现这个理想，他跋山涉水，尝遍百草，有时还要冒着生命危险。李时珍在总结以前本草学成就的基础上，结合自己长期学习、采访所积累的大量药学知识，经过实践和钻研终于成书。历时数十年写成的这部巨著，载有药物 1892 种，收集医方 11096个。正是因为他的心中始终有一个理想，矢志不移，才能克服种种困难。

（2）小组讨论：你还知道哪些类似的事例？

（3）教师点评：一个小小的愿望就能产生强大的动力，当它变为理想时，就会产生更大的动力。让我们的未来有目标，我们的生命将更加精彩。你愿意为自己设立一个远大的目标吗？

三、 团体工作阶段： 培育 "理想树"

1. 说说自己的理想

能把你的理想告诉大家吗？

2. 评说理想

（1）同学们的理想，你认为哪个理想最合理？哪个不太现实？为什么？

（2）教师引导：要根据社会发展的需要和自己的兴趣、爱好、客观条件等因素来考虑自己的理想；同时要充分发挥自己的想象力，大胆想象自己长大后可能成为哪一方面的有用人才，可能作出哪一方面的突出贡献。用两句话来概括就是：不要太空洞，要明确；不能不切实际，要合理。

3. 姚明理想的变化

（1）大家知道姚明小时候的理想是什么吗？（成为一个足球运动员）

（2）"头脑风暴"：如果姚明坚持"成为足球运动员"这个理想，他能有今天这样的成就吗？为什么？

（3）教师点评：姚明的故事告诉我们，有时候理想会随着自己对自己及对外界认识的加深而发生改变。理想既要来自于自己的兴趣、爱好，还要考虑自身条件等客观因素。随着年龄的增长，随着你对社会和自身的了解，你的理想可能会发生变化，这都是很正常的。

4. 栽下"理想树"

（投影："理想树"）

（1）教师引导：这是一棵"理想树"，让我们一起来培植它。请同学们拿出树叶形卡片，思考一分钟，郑重地写下你的理想，并在下面写一条理由。然后把名字写在卡片的背面，贴到我们的"理想树"上。

（2）教师读出几位同学的理想，让其他学生猜猜是谁写的。

5. 培育"理想树"

（1）分组讨论：为了让我们的"理想树"能够茁壮成长，最后开花结果，我们应该怎么做？

大家都认为得从现在开始就积极行动起来。老师有个朋友，他从小的理想是做一个作家，于是，他就给自己制定了这样的努力方向（如下表）。

我的理想	成为作家。
努力方向	1. 认真学好各门功课，争取语文成绩优秀； 2. 多读一些有益的课外书； 3. 认真写好每篇作文，争取每次作文都能得优，并尝试写一本小说； 4. 多向各个文学刊物投稿，争取自己的文章能刊登出来。

现在我的这位朋友跟我一样成了一名语文教师，虽然到现在为止他还没有实现自己的理想，但作为语文老师，他将自己学到的语文知识传递给他的学生，教给他们写作的方法，也不失为对理想的另一种实践。而且正因为如此，他成了一位优秀的语文教师；同时，他还在不断地写作。

（2）教师自我开放：你们想知道老师的理想吗？我的理想就是成为一名和我的小学老师一样的人，你们说我的理想实现了吗？

（3）你也能给自己制订这样一份比较具体的计划吗？

（4）小组交流后，全班分享两三位学生的计划。

（5）教师点评：只要我们脚踏实地，一步一个脚印，从现在开始努力，那我们的未来就不会只是梦想。

四、 团体结束阶段： 为心灵鼓劲

1. 播放歌曲《我的未来不是梦》

2. 教师小结

"我的未来不是梦，我认真地过每一分钟；我的未来不是梦，我的心跟着希望在动。"生命的征程，要我们扬起远征的风帆。让我们从小树立远大的理想，一步一个脚印，勤奋进取，坚持不懈，那么，我们的理想就一定会变成灿烂的现实。

活动反思

小学五年级是学生人生观、价值观逐步形成的重要阶段，但学生对理想也只有一个笼统而模糊的概念。因此，在设计这节课时，我从"愿望"入手，逐步引导学生明白理想的意义更为远大，并通过名人的事例、老师的实例，让学生逐步明确并慎重地写下自己人生中的理想，还对实现理想做了一个初步的规划。让他们认识到，要实现理想，有所成就，不仅要树立理想，更重要的是在理想的引领下努力实践。

由于"理想"这个命题对心智还没有完全成熟的小学生来说还是有些高，所以在教学中要避免空洞的说教，也不要把孩子比较幼稚的理想过分拔高。

（浙江省宁波市白鹤小学　朱　谨）

【活动参考资料】

理想的三种水平

从认识能力的角度，可以将理想划分为三种水平。即具体形象理想，它以某一位英雄人物、劳动模范、科学家，或周围值得学习的其他人物作为理想的原型；综合形象理想，它以多个具体形象作为自己理想的原型，这种理想已具有一定的概括性，但仍没有摆脱具体形象的束缚；概括性理想，它已经摆脱具体形象的束缚，能用语言和抽象概念来表达自己的理想。心理学的实验研究证明，小学高年级学生具体形象理想较多，初中生综合形象理想较多，高中生概括性理想较多。

　　根据上述对理想发展走向的分析，我们对小学高年级学生进行理想与人生观方面的辅导时，要特别注意为学生树立学习的榜样，引导学生把远大的理想和当前的实践活动结合起来，进行人生观、价值观的引导，这是帮助小学生树立正确理想的根本。

　　（钟志农：《心理健康教育课教师指导手册（小学分册)》）

博闻强记

阶段目标：

利用记忆力发展关键期，促进小学 4～6 年级学生记忆力快速发展。

适用年级：

小学五、六年级，以六年级上学期为主。

活动专题 25

我能"记忆抓及时"（懂规律）

【活动参考目标】

1. 了解与理解

（1）了解有记忆活动就会有遗忘，保持有效学习就要与遗忘做斗争。

（2）了解复习的重要时间段，在听课过程中学会抓重点，及时进行复习。

2. 尝试与学会

逐步养成及时复习的好习惯。

3. 体验与感悟

体验及时复习对提高学习效率的作用。

【活动参考课例】

向遗忘宣战

——我能"记忆抓及时"

> 活动理念

小学高年级学习难度增大，对学生学习能力的要求也更高。因此，小学高年级的学生开始意识到摆脱完全依靠机械记忆完成学业目标的重要性和必要性。

本次心育活动课旨在让学生了解记忆有规律可循，引导学生自发地探索学习当中的各种记忆规律，养成及时复习的习惯，以达到学习事半功倍的效果。

> 活动准备

多媒体课件；座位呈 T 形排列（6 人一组）。

活动过程

一、 团体热身阶段："连连看"

现在有一款游戏非常受大家欢迎，那就是《植物大战僵尸》，老师今天和大家做一个"僵尸数字连连看"的游戏。大家都认识它们吗？（学生一一喊出它们的名字）

1. 游戏规则

老师随机将每个僵尸与数字进行配对，之后对学生的记忆情况进行考察。教师出示僵尸的形象，让同学们喊出相应的数字。

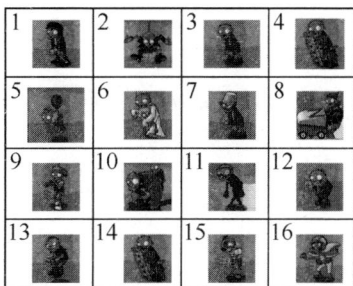

2. 教师点评

"植物大战僵尸"的游戏，大家非常熟悉，对每个僵尸的特点和战斗力都了然于胸，但这次的"连连看"记忆效果却并不理想。

这是为什么？老师认为，这次游戏大家比较陌生，而之前僵尸的特点大家早已多次接触，烂熟于心了。这节课，我们就要跟遗忘做斗争，向遗忘宣战！

二、 团体转换阶段："掘金工"

1. 播放视频

做完"僵尸数字连连看"的游戏，我们来看段视频。这是一段有关不明飞行物的视频，请大家在观看的同时，做一次"掘金工"，挖掘视频中的"金子"，也就是重要信息。告诉老师，视频在讲什么内容。

2. 信息反馈

（1）小组交流反馈，派代表汇报，看看哪组最能抓住重点，用最简洁的语言表达尽量全面的信息。

（2）教师点评：这段视频是播音员在解说不明飞行物的信息，你抓住重点了吗？

3. 尝试抓重点

（1）投影出示信息。

据宁波市气象台傍晚的预报，明后两天昼夜温差可达15℃。这是因为，一方面有弱冷空气影响，另一方面则是天空云系少，夜间地面辐射降温明显。因此，明后天早晨甬城最低气温预计只有6℃，早起的人们要适当添衣。

（2）学生反馈重点信息：宁波明后两天早晚寒凉，注意保暖。

三、 团体工作阶段： "记忆大比拼"

1. 记记看

（1）投影出示信息。

在美国和加拿大交界处有世界闻名的五大淡水湖——北美五大湖。五大湖的名字分别为休伦湖、安大略湖、密歇根湖、伊利湖和苏必利尔湖。

（2）提问：哪个组能又快又准确地将五大湖的名字背出？

2. 回头看

（1）检查"僵尸数字连连看"记忆效果。

小组串联，每组派人到对方组进行随机检测，检测僵尸与数字配对的记忆情况。

（2）教师点评：结果说明，大家现在的记忆情况与之前的记忆情况存在差距，原因是什么？（遗忘会让落到自己口袋里的知识，再像变魔法般消失。）

3. 猜猜看

什么时候知识忘得最快？

（呈现"遗忘曲线图"，让学生直观地看到知识的遗忘过程。）

4. 想想看

（1）小组讨论：知识学过后会忘记，如何才能防止遗忘？

（2）小组讨论，全班交流。

（3）教师引导：防止遗忘需要复习，应什么时间复习？具体要复习什么？

（4）教师点评：我们发现，遗忘最快的时间就是最重要的复习时间，复习的几个黄金时间段包括：听完课后的一小时以内复习第一次；学习任务完成后8小时以内复习第二次；三天以内复习第三次；七天以内复习第四次，并将第七天的复习与每周复习、单元学习相结合。

5. 重测"北美五大湖"

（1）讨论了这么多，让我们来亲自实践一下看看克服遗忘的效果如何，请同学背诵五大湖的名称。

（2）教师点评：从同学们的记忆情况可以看出，遗忘是必然的，复习回忆也是必需的。

四、 团体结束阶段： 挑战遗忘

1. 全班交流活动感受

2. 教师小结

遗忘是客观存在的，那些成绩很好的同学只是更善于在遗忘之前巩固所学的知识。复习知识要抓住重点，要在遗忘最快的那些时间段内及时复习，这些都是提高学习效率的关键。只有那些行动起来并一直坚持的同学，才能有效地防止遗忘，取得最终的胜利。

活动反思

此次心育活动课中的"植物大战僵尸连连看"的内容是学生比较感兴趣的，不明飞行物视频以及北美五大湖图片的呈现，在增加学生感性认识的同时，也提供了训练记忆的素材，学生参与的热情也比较高。但整节课的结构较为松散，引出"遗忘是必然的"也较为生硬。因此，如何有效地引导学生深刻感受到"记忆要抓及时"还有待探索。

（浙江省宁波市江东区第二实验小学 李慧梅）

【活动参考资料】

战胜遗忘有策略

1. 遗忘的重要原因在于识记后缺乏巩固复习。和遗忘做斗争，要根据遗忘发展规律，正确地安排复习时间。

（1）及时复习。由于遗忘一般是先快后慢，因此复习必须及时，要在遗忘尚未大规模开始前进行。教育家乌申斯基曾说："我们应该巩固建筑物，而不是修补已经崩溃的建筑物。"研究表明，识记后的两三天遗忘最多。

（2）合理分配复习时间。实验证明，相对集中一段时间学习同一内容，识记效果更好。

（3）试图回忆与反复阅读相结合。在材料还没完全记住前就要积极地试图回忆，回忆不起来再阅读，这样易记住，保持时间长，错误也少。

（4）采取多样化复习方法，运用多种感官进行复习。一般情况下，80%以上的信息是通过视觉记忆的，10%以上的信息是通过听觉记住的。研究表明，言语材料与视觉形象结合起来是存储大量信息的基础。

2. 用外部记忆手段有利于内容的保持。如，上课时记笔记，读书时写笔记，记卡片和编提纲，有时还可将需要保持的内容存入计算机等。这些方式有助于我们保持所识记的内容。

3. 注意脑的健康与用脑卫生。人脑的健康状况直接影响记忆力的好坏，有关资料表明，由核糖核酸等合成的脑蛋白分子是储备知识的仓库。核糖核酸的含量与人的学习和记忆有密切关系。因此，严重营养不良，特别是缺乏蛋白质，将使记忆力下降。另外，吸毒、酒精中毒及脑外伤等，都会给记忆带来不良影响。

同时，大脑细胞没有再生能力。据统计，人在18岁以后，每小时约有1000个细胞发生障碍，一年之内就有近900万神经细胞丧失机能。因此，注意脑的营养与适当休息，对增强记忆力也是有益的。

（钟志农：《心理健康教育课教师指导手册（小学分册)》）

活动专题26

我能"记得快准久"（高品质）

【活动参考目标】

1. 了解与理解

（1）了解对记忆材料越感兴趣、注意力越集中、身体器官参与度越高，记忆就会越快、越久、越准。

（2）知道提高记忆力的最好方法是重复记忆，并初步掌握几种提高记忆力的方法。

2. 尝试与学会

初步尝试用"超额记忆法"、"分段记忆法"、"聪明记忆法"等多种不同的方法来增强记忆力，并能有意识地运用到日常学习活动中去。

3. 体验与感悟

（1）体验高效记忆方法带来的成功感受。

（2）激发不断学习行之有效的记忆方法的兴趣。

【活动参考课例】

让记忆变轻松
——我能"记得快准久"

活动理念

到了高年级，学生能够有意地控制自己的识记能力并检查效果。但随着课业加重，记忆量增加，学生在记忆方面出现了障碍，迫切需要掌握高效的记忆方法来改变现状，使记忆变得"快、准、久"。本节课旨在通过活动，使学生能认识和初步掌握一些提高记忆力的方法，并能将其运用到日常学习活动中去。

活动准备

上课前4天请学生背诵50个英语单词，每天进行听写，对听写结果进行统计；多媒体课件，白纸；视频《两小儿辩日》。

活动过程

一、 团体热身阶段："顺唱倒说"

1. 游戏："顺唱倒说"

（老师用一张白纸折一个飞机，再重新摊开，展示给全班学生）

师：看看纸上留下了什么？

生：是折痕。

师：假如将我们的大脑比作一张纸，那么过去我们经历过的事便在这张特殊的"纸"上留下了或浅或深的痕迹，在大脑里留下的叫做什么呢？

生：是我们的记忆。

师：对了，记忆是人将信息加以保持，并在一定的时候将信息重新提取出来的过程。现在我们来做一个关于记忆的小游戏，叫"顺唱倒说"！游戏规则：屏幕上出现"美丽"，全体学生读"丽美"；出现"朱丽亚"，读"亚丽朱"……以此类推，一直增加到八个字。

2. 教师点评

做这个游戏的时候大家注意力都很集中，在很短的时间内就把答案快速地说了出来，而且记得又快又准，大家也很开心。可平时我总觉得，记忆真是件枯燥而乏味的事情。背过的英语单词没几天就忘记了，重新记忆又花了不少精力；严谨的数学公式一个符号也不能错，太让我伤脑筋了！那你们有过记忆的烦恼吗？

二、 团体转换阶段： 记忆烦恼

1. 单词听写小结

虽然说人的记忆潜力是无限的，可我们免不了会忘记一些东西。四天前我发给大家一张英语单词表，上面有 50 个中等难度的新单词，你们花了一定的时间将它们记住。我们在第二天、第三天、第四天对这 50 个单词进行了听写，你写对的英语单词个数便是你当天的成绩。假设第二天的成绩用 a 表示，第三天的成绩用 b 表示，第四天的成绩用 c 表示，那现在请每个小组计算一下你们组员 a、b、c 的平均数（学生各自做统计）。

2. 全班分享

背单词记了几遍？花了多少时间？有何感受？

3. 教师点评

大家关于记忆的烦恼还真不少呢！小时候看《机器猫》，它有种神奇的面包，只要在书上印一下，然后把面包吃下去就能将书上的内容记得又快又准，那时我多么想得到那面包啊！面包再怎么难吃也没关系。生活中究竟有没有记忆的灵丹妙药呢？今天我们一起来寻找让记忆变轻松的锦囊妙计。

三、团体工作阶段：锦囊妙计

1. 第一计——"超额记忆法"

（1）记忆训练。

2005 年 11 月 19 日，西北农林科技大学的吕超同学经过连续 24 小时零 4 分的艰苦努力，背诵圆周率达到小数点后第 67890 位，打破了"背诵圆周率"吉尼斯世界纪录。今天我们来挑战吕超，用两分钟的时间来记忆圆周率后 22 位数字（$\pi = 3.1415926535897932384626$，课件展示一分钟）

（2）分享讨论记忆方法。

哪些同学已经可以背出来了？我们来让他们讲讲怎样记住这么多数字的？（请学生背诵并介绍记忆方法）

（3）教师点评：如果要想长久地记住课堂上所学的东西，该怎么办？没错，就是要先对这个记忆材料感兴趣。其次，记住保持记忆的方法就是需要不断地重复，及时地复习，最好是超额学习，一般重复 6 遍就可以记住，再多记 3 遍那效果是最好的。那么我们的第一计就是——"超额记忆"！

2. 第二计——"分段记忆法"

找到了第一计之后，是不是觉得记忆变得轻松了一些呢？想不想拥有第二计、让记忆变得更轻松呢？下面请同学们认真观看下面的这段视频。

（1）播放视频。（《两小儿辩日》）

哪位同学能背诵这篇文章？

（2）探讨记忆方法：你是用什么办法把这篇课文记住的呢？（分段背诵）

（3）教师点评：这是我们今天介绍的第二计——"分段记忆法"，包括材料的分段和时间的分段。材料的分段就是大家常说的分段背诵，先背完一段，再背其他段落，最后连接起来一起背。时间分段的方法可以分为四类：

A. 充分利用好早晨起来后和睡觉前这两个记忆的黄金时间段；

B. 可以交替记忆不同的学习材料；

C. 按照重要性的不同安排时间；

D. 注意休息，使时间分为多个头和尾。

3. 第三计——"聪明记忆法"

（1）活动体验：现在记忆更轻松啦，让我们再学一计！学习之前先来玩个游戏。规则是：先将我们全班同学分为四组，共同记忆一段材料（出示另一组单词）。第一组，只听这些单词；第二组，听单词的同时，看这些词；第三组，在听、看的同时，跟着朗读；第四组，听、看、读同时在纸上写。

（2）学生分组记忆一遍后，让全班同学默写。

（3）统计测试结果。

（4）（投影）在心理学实验中，曾经用三种方法让三组来自不同家庭的孩子记住 10 张画的内容：

对第一组孩子，只告诉他们画上画了些什么，并不给他们看画；

对第二组孩子正好相反，只给他们看画，可是不再给他们讲每张画画了些什么；

对第三组孩子是又让听又让看，实验者不但给他们讲画的内容，同时给他们看那些画。

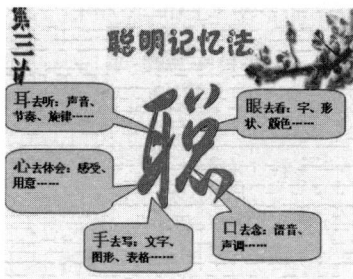

过了一段时间，分别问这三组孩子记住了多少画的内容。结果第一组记住的最少，只有 60%；第二组稍多，记住了 70%；第三组记住最多，达到 86%！这说明只听不看的孩子记得最少，只看不听的孩子记得稍多一点，又听又看的孩子记得最多。

（5）教师点评：大家都是聪明的孩子，让我们用"聪明"的方法来记忆，做到耳到、眼到、口到、心到，再加上手到。同学们，这就是我们的第三计——"聪明"记忆法。

四、 团体结束阶段： 快乐记忆

1. 教师小结

今天，相信大家都获益匪浅吧！我想请同学们记住，我们不仅可以反复记忆、超额记忆、分段记忆，而且只要我们愿意，也可以让我们身体上的每个部分都为我们的记忆服务！

现在请大家看这段苏轼的宋词，很陌生，很长，很难记，是不是？不用害怕，今天我们就把这首词化成美妙的音符，用你的脑子、眼睛、耳朵、嘴巴一起来记，让记忆变得更加轻松有趣。

2. 齐唱歌曲《但愿人长久》

明月几时有，把酒问青天。不知天上宫阙，今夕是何年。我欲乘风归去，唯恐琼楼玉宇，高处不胜寒，起舞弄清影，何似在人间。

转朱阁，低绮户，照无眠。不应有恨，何事长向别时圆。人有悲欢离合，月有阴晴圆缺，此事古难全。但愿人长久，千里共婵娟。

活动反思

这节心育课我认为有以下两个亮点：其一，列举的记忆材料尽可能来自不同学科，不同领域；结果的呈现也尽量采用不同的方式。记忆圆周率的后22位数字属于数学，《两小儿辩日》选自文言文，"聪明"记忆法里的材料取自生活。另外，采取文字呈现、视频呈现和音频呈现等多种方式呈现材料。其二，课的结尾，全班齐唱《但愿人长久》，是对课堂学习的记忆方法的综合运用，学生的积极性都被调动了起来。当然，本节课也有不足的地方：其一，训练记忆方法，难免有时候要做一些"传授"和"指导"，因此，如何让活动设计更活泼生动，是要在实践中加以探讨的。其二，教师在辅导活动中必须起到组织、引导的作用，这就需要教师进一步提高自身素养，比如更加留意自己的提问技巧、回应技巧等。

（浙江省宁波市象山县　蒋　燕　朱芬芬）

【活动参考资料】

相信自己的记忆力

要增强自己的记忆力，首先要抱有健康、积极的态度，这就是对自己想要记忆的内容，持有强烈的自信心，相信自己一定能够记住。沃德豪斯教授强调，记忆的时候，自信心比什么都重要。据他说，凡是有着优秀记忆力的人，都很自信，确信自己一定能够记住，并能在记忆的时候轻松愉快地发挥自己的能力。消极的记忆态度是记不住任何东西的病根所在。你必须从内心相信自己，"我能记得很好"。在这样的心态下，你就可以非常自然地进行记忆。这种自信来自于成功和对自己的不断暗示，你会不断地发现自己的记忆力果真越来越好。

大多数人似乎都不太相信自己，总认为"我的记忆力太差"。这样在不知不觉中，由于自己的懒散，使自己的记忆力每况愈下，不断变弱。

由于自己陷入一种悲观的境地，越是给自己的记忆设置障碍，自然也就越容易忘事。如果你是一位考生，名落孙山也就是情理之中的事了。相反，如果你下决心去记忆，对自己满怀信心，确信自己能够记住，你的记忆力就会有很大的飞跃。

相信你的记忆力！因为只有这样，你才能记住。

（南博：《记忆术——心理学发现的20种记忆妙法》）

活动专题27 | 我能"理解促记忆"（上层次）

【活动参考目标】

1. 了解与理解

（1）认识"先理解、后记忆"的优势，初步掌握几种有效的理解记忆的方法。

（2）知道对于已理解的东西，同样需要多次重复背诵才能真正记住。

2. 尝试与学会

初步尝试用"找关键"、"说大概"、"作比较"等多种不同的方法来增进理解记忆，并有意识地将其运用到日常学习活动中去。

3. 体验与感悟

（1）在活动中树立起"我能记得更快更好"的信心。

（2）有兴趣不断学习行之有效的记忆方法，来增强自己的记忆能力。

【活动参考课例】

开启记忆宝库的金钥匙
——我能"理解促记忆"

活动理念

随着年龄的增长和知识量的增加，单纯的机械记忆越来越成为学生学业进步的障碍。"先理解、后记忆"的方法能有效地帮助学生掌握学习材料，减轻记忆负担，提高学习兴趣。本节课旨在通过活动，让学生认识和初步掌握一些理解记忆的方法，促进理解记忆的广度和深度，并能将其运用到日常学习活动中去。

活动准备

多媒体课件；学生练习纸；座位呈 T 形排列（6 人一组）。

活动过程

一、 团体热身阶段："数字热身操"

1. 教师导入

同学们，你们喜欢探险寻宝吗？今天就让我们一起到"记忆宝库"里去寻找"记忆宝藏"。出发前让我们来做一下"数字热身操"，好吗？

2. 游戏规则

同学们先跟着老师说一遍口令，做一遍动作，请尽力记住身体各部位和与它相对应的数字。

摸摸你的头顶，说说这是 1；眨眨你的眼睛，说说这是 2。

摸摸你的鼻子，说说这是 3；指指你的嘴巴，说说这是 4。

拉拉你的耳朵，说说这是 5；摸摸你的脖子，说说这是 6。

拍拍你的双手，说说这是 7；揉揉你的肚子，说说这是 8。

拍拍你的后背，说说这是 9；拍拍你的大腿，说说这是 10。

摸摸你的小腿，说说这是 11；踮踮你的脚尖，说说这是 12。

3. 考考你

教师说数字（如，"我说1"），学生做三遍相对应部位的动作。

4. 教师点评

在这么短的时间里你们能记住这么多口令，真不错！同学们，平时你们觉得自己的记忆力好吗？其实，我们每个人记忆力的好坏和很多因素有关，比如，理解能力、学习方法、年龄、睡眠、饮食等，都能影响我们的记忆力。不过，相信自己有着超强记忆力的孩子，往往真的能比别的孩子记得更快，更准，更持久。所以都请大声地、自信地跟老师说——我们都能拥有开启记忆宝库的金钥匙！（屏幕出示）

二、 团体转换阶段： 记忆小测试

1. 出示测试题

（课件出示以下文字："晚明里六来昏草声卧七脱弄风四三归饭笛黄后不衣横月铺蓑饱野"）

（1）活动规则：慢慢地把这些字读一遍，然后老师把这些字撤去，你能回想起多少个？（顺序不限）

（2）小组交流反馈，派代表参赛。

2. 教师点评

同学们，你们从这个测试中获得了哪些信息呢？是啊，同样的字数，同样的文字，凡是我们读懂了、理解了的知识，就能记得迅速、全面而且牢固。若是死记硬背，会费力不讨好。

三、 团体工作阶段： "三把金钥匙"

1. 第一把金钥匙——找关键

（1）第一道测试题（课件出示）。

阿富汗南部省份坎大哈省 2 月 27 日发生连环爆炸事件，至少 10 人死亡、17 人受伤。尚没有任何组织或个人宣称制造这起袭击。

谁能用最快的速度记住这则新闻，用最简洁的语言来告诉大家？
（全班交流，总结出这则新闻的关键词是"阿富汗"和"爆炸"）
同学们找得又快又准，真厉害！这样一则新闻被你们压缩成了 5 个字！
（2）第二道测试题（课件出示）。

由我国科学家主持的国际研究小组最近发现了与蛋保存在一起的雌性翼龙化石。这一发现为判别这些已绝灭的飞行爬行动物的性别提供了直接证据，解决了翼龙性别鉴定这个关键问题。该项研究成果发表在 2011 年 1 月 21 日的《科学》杂志。化石的新发现对解决恐龙时代性别鉴定之谜有极大帮助。

用刚才的方法试一试，可以在练习纸上写下你找到的关键词。（"雌性翼龙化石"、"性别鉴定"）
（3）教师点评：这些关键词就像这些文字里最闪亮的金子，被同学们挖掘到了。可别小看它们，有了它们，你们就可以用最少的时间记住最多的内容。同学们，快给我们的第一把金钥匙取个名字吧！（"找关键"）
2. 第二把金钥匙——说大概
找到了第一把钥匙之后，记忆大门快要向我们敞开了！下面请同学们认真观看下面这段视频。
（1）播放视频。（主要内容为：英国一名 11 岁女孩智商高达 162，超过爱因斯坦和霍金）
谁能用自己的话来说一说，这段视频讲了什么？（全班交流）
（2）教师提问：回忆一下你们刚才是怎样把这段视频记住并表达出来的呢？
（认真记忆重要的片段，用自己的话把大致的意思说出来）
（3）教师点评：在理解的基础上，用自己的话把要记忆的内容复述出来，是个很好的记忆方法。谁给为我们的金钥匙取个名字？（"说大概"）
3. 第三把金钥匙——作比较
（1）示例（出示课件）。

廷与延的区别："廷"中有"士"，大家可以记住士兵挺立。"延"表示不停止，中间有个"止"。

辫、辩、辨、瓣的区别：格局中间部分的不同运用比较记忆进行区别：辫子有发丝，绞丝旁；善辩话多，言字旁；竖撇，辨一辨；瓜子植物，是花瓣。

教师点评：很多知识需要区分记忆的时候，就可以运用比较记忆法。

（2）记忆小测试。

（出示"喘、瑞、端"）你认识它们吗？（指读）

（出示"踹、揣、湍、惴、颛、遄"）你还认识它们吗？

没关系，请仔细看看它们的部首，比较一下它们的意思有何不同。

（3）实战演练。

从"喘"、"踹"、"瑞"、"端"、"惴"、"湍"、"揣"、"颛"、"遄"等字中，选合适的字填在下列横线上。

『理解记忆』之门

抓关键

说大概

作比较

水流____急白浪翻，____ ____心中不安然。

坐立____正修养好，用脚____门失尊严。

背____双手向天笑，____雪飘飘年来到。

A. 小组交流，代表汇报。

B. 教师点评：比较了形近字的不同部首后，我们发现，即使不能准确读出它们的字音，我们也能极其准确地找到和它们匹配的伙伴，能够记得又快又好。那么我们的第三把金钥匙是——"作比较"！

4. 实践运用

（1）教师引导：三把金钥匙到手，我们来试着开启宝藏的大门吧！（投影出示记忆材料）

A. 第一道门——记忆药品说明书。

一天，爷爷觉得消化不良，从药店里买了健胃消食片，眼睛老花的他让你帮助查看一下说明书，告诉他怎么服用。说明书上，有关用法用量的内容如下：

用法及用量：片剂，饭前 15～30 分钟服用。成人，每日 3 次，每次 10～20 毫克；儿童每日 3 次，药量减半（每片 5 毫克）。以温开水服用。服用三天如症状无缓解，应去医院就诊。

B. 第二道门——商店促销广告。

妈妈从外面逛街回来，带回一张新华书店发的"花花点读笔"促销广告，很吸引人。你想马上把这个好消息告诉你的好朋友小 A。促销广告如下：

"花花点读笔"六大功能：①丰富的点读发音——除能提供文字的标准发音外，还能提供情景音效以及美妙动听的配乐，提高读者阅读兴趣。②超强MP3 播放功能——采用立体声解码 MP3 芯片，声音更加清晰、优美，同时可以实现循环播放的功能。③超大容量内存设计——2GB 超大内存设计，同时设有 TF 卡卡槽，可扩充至 4GB，容纳更多的学习内容。④超强抗干扰——抗潮、抗电磁波、抗人体静电。⑤超长电池续航能力——精心设计电路，精心调整参数，让每一节电池都有相当长的使用寿命。⑥自动关机——特设点读状态下 3 分钟无动作自动关机功能。

（2）比赛开始。

A. 比赛规则：小组内成员独立记忆（3 分钟），组内交流一下记忆方法（3 分钟），然后请代表和老师一起演一演。

B. 学生表演，随机评价。

5. "死记硬背"也有用

（1）教师引导：我们找到了"先理解、后记忆"的三把金钥匙，那么是不是就可以"攻无不克，战无不胜"了呢？我们来做一个小测试：

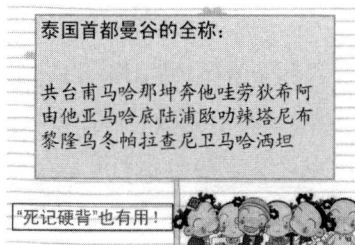

> 泰国首都曼谷的全称：
> 共台甫马哈那坤奔他哇劳狄希阿由他亚马哈底陆浦欧叻辣塔尼布黎隆乌冬帕拉查尼卫马哈洒坦
>
> "死记硬背"也有用！

请记下泰国首都曼谷的全称：共台甫马哈那坤奔他哇劳狄希阿由他亚马哈底陆浦欧叻辣塔尼布黎隆乌冬帕拉查尼卫马哈洒坦。

（2）学生试背，全班交流感受。

（3）教师点评：不是每一种记忆材料都有理解性的内容，所以有时候"死记硬背"也很重要。当然，我们可以根据自己的需要和能力，想各种办法来记忆，就以上面的材料为例，你可以分成一段一段来记，也可以变成有韵律的儿歌来记，也可以根据相似的读音编个故事来记……只要能帮助你记住的，就是好办法！

四、 团体结束阶段： 重在实践

1. 全班交流活动感受

2. 教师小结

同学们，今天我们拿到了开启记忆宝库的三把金钥匙，可以更好地帮助我们通过理解来促进记忆。不过要知道即使是理解了的东西，同样要靠多次重复地背诵才能够记住。所以，走进宝库后，想真正拿到记忆的宝藏，还要靠同学们自己的努力和实践。

活动反思

在活动的设计过程中，我们尽可能地想提供不同学科、不同领域的理解记忆材料，让学生们进行记忆方法的训练和运用，但结果呈现的依然大多为文字性的内容材料。因此，在进行"团体工作阶段"时，学生的积极性虽然被调动了起来，但主动参与、大胆尝试的意识还有所欠缺，这也可能和小组活动的方案设计得不够完善有关。而在后来的"实践运用"环节中，对自主记忆、小组讨论记忆方法以及参与热情最高的表演活动，学生还是表现出了极大的参与度和团体张力，始终在一种活跃的思维状态下思考、讨论和团体互动。而教师在这一活动阶段的参与也很好地实现了辅导活动的目标，既体现了学生的自主性，又起到了辅导者应有的组织、引领的作用。从学生的反应和活动效果来看，这一活动还是基本达成了辅导目标，如果能在选取理解记忆的材料和一些具体的辅导细节上再下些工夫，应该会有更好的辅导效果。

（浙江省嘉兴市南湖国际实验学校　费溢舒

浙江省杭州市西湖小学教育集团　蔡丽丽）

依靠"组块"来处理记忆的信息

研究发现，一个人在瞬时记忆里所能保持的项目数量并不一定是单个信息，而可以是一组信息，一个组块。组块指的是任何有意义的信息单位。

因此，了解信息如何相互联系成为一个组块是处理大量信息的一种途径。当我们教他人一些东西的时候，困难之一是我们已经看到了联系而学习者还没有看到。我们可能试探性地将自己的经验"给"学生们，再告诉他们联系是什么，信息是如何组合在一起的。而这是不起作用的，学生们需要自己去建立联系。马克·吐温曾经说："如果教学就和告知一样的话，我们所有的人都会懊恼得无法忍受。"不幸的是，他是对的，教学与告知是不一样的。教学的目的是引导和促进学生的脑形成神经连接。如果仅仅只是有一个人来告诉他们怎么下棋的话，象棋选手是不可能变成专家的。他们必须要自己学习，参加成千上万次的比赛，熟悉模式，重新组织信息，这样他们才能"看到"组块。我们的学生也是一样的。

（Wolfe：《脑的功能——将研究结果应用于课堂实践》）

活动专题28

我能"右脑帮记忆"（用全脑）

【活动参考目标】

1. 了解与理解

（1）通过交流讨论，了解人类右脑的特点。

（2）了解增强记忆的秘诀就是将我们想记住的各种资料进行各种各样的

联想和组合。

（3）懂得经常加强身体左侧的活动，可以促进右脑的功能，增强记忆的能力，提高记忆的效率。

2. 尝试与学会

（1）通过游戏活动，尝试把知识形象化，如，能根据诗句想象诗歌的意境和画面。

（2）尝试将某些知识内容按内在联系和特点进行串联，建立一种暂时的联系，帮助记忆一些枯燥的学习材料。

3. 体验与感悟

利用右脑形象记忆的特点帮助记忆，感受记忆带来的乐趣。

【活动参考课例】

形象记忆
——我能"右脑帮记忆"

活动理念

在我们平时的教学过程中，"开发智力"是整个教学过程的重中之重，而"记忆力"的强弱直接反映了一个人智力水平的高低。科学研究证明，我们人类记忆力一般只开发了整个大脑的3%～4%，还有很大的潜能亟待开发。特别是在快速发展的现代信息社会中，学生面临的学习任务需要他们具有快速高效的记忆能力。而右脑的快速形象记忆的功能，正好符合小学高年级学生好奇、好动、爱想象的年龄特点。因此，本次活动着重通过各种游戏式的训练活动，开展"右脑帮记忆"的训练，旨在让学生懂得，在日常的生活和学习中，要有意识地强化自己的右脑记忆功能，进一步提高自己的记忆能力。

活动准备

帮助记忆的游戏和相关素材；多媒体课件；课前小调查。

一、 团体热身阶段： 骆驼的形象

1. 游戏"千万别想骆驼"

现在请大家严格按照我的指令去做：请你千万不要去想骆驼！

请问现在你的大脑里出现了什么形象？（学生回答）

（1）教师引导：老师让你千万不要去想骆驼，你的大脑里为什么偏偏出现了骆驼呢？

（2）教师点评：因为我们人类的大脑就是喜欢形象的东西，因此，当你听到"骆驼"两个字的时候，我们的大脑就会立刻调出"骆驼"的形象；而要大脑执行思考"千万别想骆驼"的指令，需要的时间却要长得多。

2. 用文字做梦

同学们，你们做梦吗？你们做梦的时候是像写文章一样用文字来做梦吗？还是像放电影一样用画面做梦？（学生：像放电影一样）为什么呢？（学生：因为我们的大脑喜欢形象）

（出示本节课主题：形象记忆）

二、 团体转换阶段： "左撇子"的启示

1. 测试自己大脑的形象记忆

先让学生看一组熟悉的人物画像及人物的名字，然后加入学生之前没有看过的图像及其姓名。测试一下看对哪组图像记得比较多，得出"形象记忆"有助于提高记忆力的结论。

2. "右脑"管"形象"

（1）谁知道负责"形象"记忆的是我们的右脑还是左脑？（出示课件）

美国斯佩里教授通过割裂脑的实验，证实了大脑不对称性的"左右脑分工理论"，并因此荣获 1981 年度的诺贝尔生理学或医学奖。实验证明，右脑支配左半身的神经和器官，是一个没有语言中枢的"哑脑"。但右脑具有接受音乐的中枢，负责可视的、综合的、几何的、绘画的思考行为。

（2）教师点评：由此，我们知道负责形象记忆的是我们的右脑。因此，

左脑	胼 胝 体	右脑
时间 逻辑记忆 语言 数学计算 排列 分类 逻辑分析 书写		空间 形象记忆 知觉 情感 身体协调 视知觉 图形知觉 美术 音乐节奏 舞蹈 想象
抽象思维	有序性 延续性 分析性	活动 方式	无序性 跳跃性 知觉性	形象思维

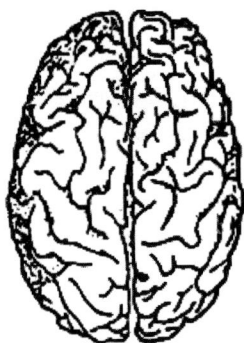

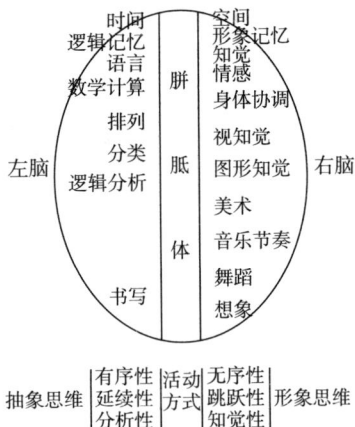

我们要想办法利用我们的右脑进行记忆，提高我们的记忆力。

（3）小组讨论："左撇子"为什么往往比较聪明？

（4）教师点评：左撇子想事情往往与别人不同，他们常在写或画之前，脑中已想好成形的图像。许多左撇子也会自己想办法把记不住的零碎数据，重组成一页图画，一下子就能记住了。这样他们的记忆容量、速度就比常常使用右手的人大很多，也就有了人们所说的左撇子比较聪明的说法。

三、 团体工作阶段： 用形象助记忆

1. 口诀记忆法

（1）教师引导：到底可以通过哪些方法来用右脑帮助我们增强记忆能力呢？老师先给大家讲个例子：据说我们的周总理为了记住中国的各个省份名，特地动脑筋编了一个口诀。（出示课件）

两湖两广两河山，五江云贵福吉安；

四西二宁青甘陕，还有内台北上天。

（2）自己读一读。根据这个口诀，你能说出我们祖国的各个省份名吗？

（3）从这个例子中，你又发现了什么记忆方法？（口诀记忆）

2. 词头记忆法

（1）投影出示 8 个词语（1 分钟），请学生记忆，然后要求学生按照顺序背诵出来。

太阳　母亲　草帽　蚯蚓　眼睛　棉花　玉米　棒棒糖

（2）一分钟以后请学生按顺序背诵，正确率高的学生请他谈一谈方法。（如，记住了每个词语的第一个字，然后把它们串联起来）

（3）教师点评：其实刚才你们说的方法，心理学家也是非常认可的。你把每个词的第一个字串联起来，我们给它起一个名称，叫"词头记忆法"。

3. "奇特串联"记忆法

（1）出示投影。

铅笔、火箭、眼镜、苹果、月亮、水桶、香蕉、饼干、船长、桅杆、蚊帐、汗水、哈密瓜

鲁迅的作品：《故乡》《社戏》《孔乙己》《一件小事》《从百草园到三味书屋》《藤野先生》《阿Q正传》《药》《呐喊》《彷徨》《狂人日记》《祝福》

（2）训练要求：把上述词语串联起来，编成一个有趣的故事，想象越奇特、越有趣越好。

（3）教师点评：串联得巧妙的话，就可以把没有生命的记忆材料，变成鲜活的有生命力的东西来记忆了。

4. 想象画面记忆法

（1）播放录音。

大漠孤烟直，长河落日圆。（唐诗）

小草偷偷地从土里钻出来，嫩嫩的，绿绿的。园子里，田野里，瞧去，一大片一大片满是的。坐着，躺着，打两个滚，踢几脚球，赛几趟跑，捉几回迷藏。风轻悄悄的，草软绵绵的。（朱自清散文《春》节选）

（2）分享：你的脑海里出现了什么画面？试试边想象边记忆好吗？

（3）教师点评：在我们记忆文字材料时，也可以将其转化为图像，记忆起来就简单得多，记忆效果也会更好。我们要训练自己把目标记忆内容转化为图像，然后在图像与图像间创造动态联系，通过这些联系便能很容易地记住目标记忆内容及其顺序。这种联系可以采用夸张、拟人等各种方式，图像细节越具体、越清晰越好。

5. 联想记忆法

（1）出示课件。

假设你要去超市买：一盒饼干、面包、香草冰激凌、胡萝卜、青菜、色拉油、番茄酱、两根黄瓜、鸡蛋、西红柿、一袋土豆。

闭上眼睛，看看你一次能记下多少东西。小组内比赛。

现在可以试试通过联想来记住这些东西。

（2）你现在有什么好办法记住它们吗？再来试一次吧！小组内比赛，并说说自己是怎么记忆的。（出示课件）

假设你要去文具店买以下这些东西：铅笔、红色蜡笔、剪刀、绿色彩纸、三角尺、书包、橡皮、毛笔、蓝色墨水、铅笔盒、圆规。

（3）教师点评：这是使用右脑增强记忆力的一种技巧，利用的是大脑思维通过联系进行记忆的能力。正如柏拉图所说，记忆的秘诀就是根据我们想记住的各种资料来进行各种各样的联想。

四、 团体结束阶段： 常用右脑

1. 综合训练

（1）运用前面所学的几种方法，来进行记忆练习。

古代"四书"指的是《孟子》《论语》《大学》《中庸》。

马克思出生于1818年，逝世于1883年。

（2）随机出示语文课本"词语盘点"中的9个词语，请学生看两分钟后，尝试背诵。

2. 教师小结

同学们，今天我们只是粗浅地了解了一下右脑记忆的形象化特点，但要真正做到过目不忘，那还需要不断地努力。大家平时应多利用右脑进行有意识的记忆，并且相信自己一定能让许多知识点变得更加形象化。当然利用右脑记忆还有很多的方法，希望同学们能在学习的过程中不断探索。

活动反思

这次活动的设计正如事先预想的那样，很符合小学高年级学生的心理特点。因此，在活动过程中，学生们充满好奇，对开展这样的活动兴趣很浓，这也符合情绪兴奋能增强记忆的原理。通过活动学生们了解了"人类右脑的记忆特点——形象化"，初步尝试与学习了"知识储存的形象化"。我们考虑到这次活动的最大难点可能是如何引导学生对知识点进行形象化处理，尤其是对平时缺乏想象能力的孩子来说，这一问题显得更为突出。因此，在收集训练素材的时候，要根据学生的实际情况，注意训练的层次性、渐进性以及所举例子的趣味性，使学生们能够从活动中体会到成就感，增强学生记忆的积极性，使记忆力训练能够落到实处。

（浙江省嘉兴市南湖国际实验学校　吕　敏　於玉红
浙江省杭州市西湖小学教育集团　沈平易　陈颖佳）

【活动参考资料】

自动记忆策略

自动记忆通常储存着乘法口诀表、字母表、语言编码能力以及许多通过简单联系即能激活的记忆信息。

音乐是我极力推荐的一种策略。音乐能够很好地促进情绪记忆。朗读或讨论材料的时候，放一些动听的音乐作为背景能使知识的意义更加丰富。比如，在讨论葛底斯堡战役之前放一首《谍中谍》或《法网》的主题曲，可以更好地使学生集中注意力，加深他们对学习材料的感受。将知识融入音乐中的策略对所有年龄的学生来说都很容易。他们通常找来容易记住的歌曲，这样就可以每天复习这些知识。多年来，我一直通过让学生自己写歌的方法教他们学习48个介词、23个助动词和18个连接动词。他们可以使用怀旧的、经典的曲调，填入自己的歌词，也可以将其中的歌词用自己需要记住的单词代替。另外，编写说唱词和诗词也是很好的方法。久而久之，每当音乐响起的时候，我们就会想起填入的新单词。我有一些学生，他们高中毕业后还告诉我说仍然记得那些歌曲。

其他的自动记忆策略包括使用抽认卡片、日常口头复述（可用于数学、地理、语言、词汇等方面)、口头自动反应等（例如，我讲到"林肯"时，你立刻讲出"葛底斯堡演说"）。每种策略都有各自的好处。学生对总是用同一种策略很容易厌倦，所以要提供一些变化。智力竞赛是一种锻炼自动反应水平的极好方法，学生都喜欢这种方法。

（斯普伦格：《脑的学习与记忆》）

活动专题 29

我能"归类助记忆"（会加工）

【活动参考目标】

1. 了解与理解

在活动中认识"归类记忆法"的优势，懂得系统化、条理化的材料能使记忆更准确、高效。

2. 尝试与学会

初步尝试用"列表格"、"列提纲"等方法来增强记忆效果，并能有意识地运用到日常学习活动中去。

3. 体验与感悟

在活动中体验"归类记忆法"的魅力，树立起"我能记得更快更好"的信心，并有兴趣不断学习行之有效的记忆方法，增强自己的记忆能力。

【活动参考课例】

分类记忆快乐学

——我能"归类助记忆"

活动理念

小学六年级学生需要记忆较多、较繁杂的知识点，单纯的机械记忆会成为学生学业进步的障碍。"归类记忆法"能帮助学生理清思路，缩小范围，抓住重点，从而缩短学习时间，提高记忆力。本次心育活动课，旨在让学生初步认识和尝试"列表格"、"列提纲"的方法，体验归类记忆的好处，并能将其运用到日常的学习活动中去。

活动准备

多媒体课件；学生练习纸；印制小学《科学》六年级上册演示、分组实验项目表，人手一份；4人一小组围坐。

活动过程

一、 团体热身阶段： 记忆小游戏

1. 游戏规则

出示 4×3 排列的 12 幅图片（如右图）。请学生们记忆 20 秒，然后出示其中一幅图片，让学生回答这张图在第几行是第几个。看看哪个小组记忆效果最好。

2. 游戏竞赛

3. 教师点评

老师发现，记忆同样的内容，比如，一个单词、一篇课文，有的同学没花多少时间就记住了，而有的同学却在那反复读，效果也不一定很好。记忆是不是真有那么难呢？今天老师就带大家一起去体验一下快速记忆的快乐。

二、 团体转换阶段： 初感 "归类记忆法"

1. 活动规则

请在 30 秒内记忆这些词语，然后老师把这些字撤去，你能回想起多少个?（顺序不限）

2. 出示投影

（1）（30 秒后撤图）给大家 1 分钟时间把记得的词语写下来吧！写得越

多越好。

（2）统计：你记住了几样东西？

（3）请记得最多的小朋友到前面来，向全班同学汇报一下，大家来当裁判，看他记得对不对。（出示图片）

（4）这么短的时间内记住了那么多东西，真不简单！你有什么好办法？

3. 教师点评

真是一个好办法，一观察，二分类，一下子就能记住一串东西。这种方法叫"归类记忆法"。

三、 团体工作阶段： 表格提纲来归类

1. 列表记忆练习

（1）教师引导：我们在学习中运用归类记忆法，能使知识条理更加清晰，便于我们抓住重点，从而缩短学习时间，提高记忆力。今天我们就学着用列图表的方式将知识进行归类记忆。

（2）出示记忆内容：

student—students glass—glasses knife—knives city—cities wife—wives
baby—babies apple—apples box—boxes brush—brushes bag—bags
match—matches

这些是英语单词的单数和复数形式，我们该怎样记忆呢？请四人一小组合作，将它们归类，填到表格中。

（3）请一个小组代表用实物投影仪进行交流：

类别	举例（直接写复数）
直接加-s	students，apples，bags
以 s、x、sh、ch 结尾加-es	glasses，boxes，brushes
去 y 加-ies	cities，babies
去 fe 加-ves	wives，knives

（4）教师点评：同学们在列表归类后还发现了其中的规律，这样我们只要记住少量几个不规则变换形式就行了。记忆的材料减少了，记忆效率自然就提高了。

2. 提纲记忆练习

（1）教师引导：进行归类时，分组数量要适中，如果分组太少，组内个数就会增加，作用也就不大；分组太多，记忆仍非常费劲。比如，在总复习阶段，我们要回顾记忆几十首古诗词。如果按照内容将它们细细分类，就会产生过多的组别。这时，我们就可以用列提纲记忆法，先分大类，再分小类，进行记忆。

（2）出示多首古诗名。

《竹石》《赋得古原草送别》《春晓》《山行》《独坐敬亭山》《望洞庭》《凉州词》《春望》《望庐山瀑布》《游子吟》《小池》《七步诗》《江雪》《逢雪送芙蓉山主人》《回乡偶书》《己亥杂诗》《静夜思》《枫桥夜泊》《望湖楼醉书》《春日》《送孟浩然之广陵》《赠汪伦》

（3）请简单回忆一下这些古诗，根据内容先将它们分成几个大类。（学生小组交流，定出最合适的分类）

（4）每个大类中又可以分成哪几个小类呢？请小组合作完成。

（5）小组代表用实物投影仪进行交流：

第一类，写景诗。

①春：《春晓》《春日》

②夏：《小池》《望湖楼醉书》

③秋：《枫桥夜泊》《山行》

④冬：《江雪》《逢雪送芙蓉山主人》

⑤花草树木：《竹石》《赋得古原草送别》

⑥大好河山：《望洞庭》《独坐敬亭山》

第二类，写情诗。

①亲情：《游子吟》《七步诗》

②友情（送别诗）：《送孟浩然之广陵》《赠汪伦》

③思乡情：《回乡偶书》《静夜思》

④爱国情：《己亥杂诗》《春望》

第三类，其他。

①边塞诗：《凉州词》

②哲理诗：《望庐山瀑布》

四、 团体结束阶段： 实战练习

1. 延伸练习

根据刚才老师发给大家的《科学》实验项目表，回家之后做一次《科学》实验内容的复习，看看能否将这一册教材的实验内容记得更牢。

小学《科学》六年级（上册）演示、分组实验项目

序号	课题	实验类型	实验内容	实验材料
1	杠杆的科学	分组实验	杠杆的研究	杠杆尺、钩码
2	轮轴的秘密	分组实验	轮轴的研究	大小不同的轮和轴、钩码、线、铁架台、大小不同的螺丝刀等
3	动滑轮和定滑轮	分组实验	定滑轮和动滑轮有哪些作用	铁架台、定滑轮和动滑轮、测力计、钩码、线等
4	滑轮组	演示实验	滑轮组的作用	滑轮组、铁架台、重物、测力计、光滑的木棒、长绳等
5	斜面的作用	分组实验	斜面有什么作用	木板（长度不同）、木块、重物、测力计
6	抵抗弯曲	分组实验	纸的厚度与抗弯曲能力的大小	长宽相同、厚薄不同的纸条、相同大小的铁垫圈等
7	形状与抗弯曲能力	分组实验	形状与抗弯曲能力的研究	宽度、长度相同的长方形卡纸
8	热是怎样传递的	分组实验	热传递的方式	红色热水、无色冷水、蜡烛、火柴棍、铜丝、蜡烛油、酒精灯、铁架台等
9	蜡烛能燃烧多久	分组实验	蜡烛能燃烧多久	大小相同的玻璃杯、长短不同的蜡烛、盒盖、棋子、钉子、钳子等

序号	课题	实验类型	实验内容	实验材料
10	电磁铁的磁力	分组实验	电磁铁的磁力大小与哪些因素有关	电池、漆包线、铁钉、大头针或回形针
11	水的变化与热的传递	演示实验	霜的形成	深色饮料罐、冰块、食盐、纱布、塑料试管（内有少量水）、温度计

2. 教师小结

今天我们学着用列表格、列提纲的方式将知识进行归类记忆。以后我们要记忆一定数量的知识时，就可以运用归类记忆法，它能让我们记得更轻松，记得更长久。

活动反思

活动内容能够根据六年级学生的特点以及学习能力加以设计，因此活动过程比较顺利、有序。活动中的几个环节都是学生比较感兴趣的，从热身阶段的小游戏开始，学生的积极性就被调动起来了。整个活动过程轻松愉悦，学生表现出了极大的参与度和团体张力，锻炼了各方面的能力，基本实现了辅导目标。在辅导活动的设计过程中，我尽可能地想提供不同学科、不同领域的记忆材料，但选取的记忆练习材料仍显单一。如果材料内容能更多元化些，应该能有更好的辅导效果。

（浙江省宁波市太古小学　石瑛莹）

【活动参考资料】

运用分类法重组信息有助记忆

许多记忆专家提出，组织信息对有效的记忆起关键的作用。我们能否成功地储存和提取信息，取决于我们能否系统地根据不同的组、形式和其他结构单位有效地排列信息。

辨认异同的研究也包括分类。通过比较事物异同来获取知识的学生，其学习百分比增益是31%~46%。这些令人鼓舞的结果表明，使用最佳的分类法重组信息的策略对学生很有帮助。

一项研究表明，教师教授学生识别不同事物之间的异同对于提高学生的成绩最为重要。该研究得出以下结论：

①教师给学生提出明确的指引以识别事物的异同，可以提高学生理解知识和应用知识的能力。

②教师要求学生独立识别事物的异同，可以提高学生理解知识和应用知识的能力。

③教师要求学生用图表或符号形式描述事物的异同，可以提高学生理解知识和应用知识的能力。

重编信息的过程使大脑有时间和机会联想相关的信息。如果学生能够用自己的语言阐明事实、概念知识和程序信息，说明他们完全掌握了该信息。

（斯普伦格：《教会学生记忆》）

活动专题 30

我能"速读增记忆"（讲效率）

【活动参考目标】

1. 了解与理解

（1）了解人的眼睛接受文字信息的速度远远落后于人脑思维的速度。

（2）了解速读能使眼睛跳跃式扫描、思维快速运转，做到"眼看脑记，眼脑同步"。

2. 尝试与学会

（1）尝试在阅读时减少头脑中潜在的发音现象，扩大视区和识记的范围。

（2）学会把阅读的主视区放在每一段文字的开头和结尾部分。

3. 体验与感悟

感受速读对提高记忆效率的作用以及由此带来的快乐体验和自信心。

【活动参考课例】

一目十行，过目不忘
——我能"速读增记忆"

活动理念

"速读记忆"是每个六年级小学生都应该具备的基础性学习能力。小学高年级学生的记忆力是最强的，但很多学生的阅读速度过慢，从"看"到"说"，再到"想"和"记"，一步一步缓慢前进，这样的阅读过程直接影响到理解和记忆的效果。而引导学生尝试"速读记忆"，则是培养学生直接把视觉器官感知的文字符号转换成意义，消除头脑中潜在的发声现象，形成"眼脑直映"，从而提高阅读速度并增强记忆的效果。掌握这种记忆技巧对于帮助六年级学生完成学习技能的"中小衔接"、顺利适应进入初中后的学习需要，具有重要的意义。

活动准备

准备几组有关动物、植物、生活用品的图片，图片大小为边长 3 厘米的正方形；每组 1 张 8 开白纸；准备 6 个信封，信封内装有文字片断与短文各 4 张；班内学生随意组合，4 人一组，围坐桌子四周；精选的速读材料。

活动过程

一、 团体热身阶段： "过目不忘" 有点难

1. 游戏规则

我们来做一个游戏，各位同学听清楚要求（出示图片）：现在你们看到的图片，上面分别画有动物、植物、生活用品，摆放在不同的位置。请同学们仔细观察一分钟，之后请你们在小组里把刚才的各种图片贴在相应的白纸上，

比比哪个组贴得又快又正确。

2. 贴图

（1）学生观察一分钟，之后请一名学生在黑板上展示。其他同学在组内合作贴图。

（2）再训练一次后交流感受。

二、 团体转换阶段："过目不忘" 不神奇

1. 速读强记者

（1）教师引导：你知道"一目十行、过目不忘"这句话吗？在哪里听说过或是在哪里看见过？

《射雕英雄传》中黄蓉的母亲只看了一遍《九阴真经》就能一字不差地背了下来，当然这只是小说里的人物。科学家说我们人类的大脑是一台世界上最强的计算机。现实中有没有这样神奇的人物呢？

（2）课件出示：

美国前总统罗斯福日理万机之余，平均每天看三本书；

肯尼迪总统每天利用吃早点的时间阅读八份报纸；

法国前总统蓬皮杜求学时有"一目十行，过目不忘"的本领，学业成绩总是第一名；

苏联领导人斯大林每天一定要读500页书；

法国的拿破仑一天读20本书；

文学家高尔基看书不是从左向右来读，而是从上往下看，像下楼梯一样；

……

2. 全班分享

速读不是神话，是可以实现的。

三、 团体工作阶段："过目不忘" 靠训练

1. "速记一分钟"训练

（1）同学们，我们一起来尝试"一目多行，过目不忘"吧！（出示课件）

铅笔、蛋糕、香蕉、衣服、蝴蝶

蚯蚓、书包、饼干、苹果、相机

螃蟹、蚊帐、橡皮、煎饼、石榴

请你在一分钟内尽可能地记住全部词语，并把记住的词语写在纸上。

（2）一分钟后，统计全部默写正确的人数。

（3）四人一个小组交流各自的速记方法，讨论哪些方法更有效。

（4）全班分享：分组、定位、联想、分类等方法。

（5）教师点评：其实在座的同学都有一目十行、过目不忘的本领，只是方法有所差异而已。

2. 速读一分钟训练

（1）教师引导：刚才是对词语的记忆，这样的记忆方法不仅可以帮助我们快速地记忆，也可以让我们的想象力水平越来越高，你也会越来越聪明！那么词语咱们有方法记了，如果是一段话该怎么办呢？

（2）出示一段文字：

作为中华民族图腾的龙，并不是一种实有的动物，而是一种艺术形象，是我们的祖先通过想象创造出来的。古时候，人们对大自然的许多现象无法作出科学的解释，更没有控制自然的能力。比如，群山连绵，惊涛骇浪，电闪雷鸣，暴风骤雨，都使他们震惊和崇拜。于是，我们的祖先便希望自己的图腾具备风雨雷电那样的力量，群山大河那样的雄姿，让它像鸟一样能腾云驾雾，像鱼一样可以在水中游弋，像马一样可以飞快奔跑……因此，将许多动物的特点都集中到龙的身上，渐渐形成了驼头、鹿角、蛇颈、龟眼、鱼鳞、虎掌、鹰爪、牛耳的样子。这种复合结构，意味着龙是万能之兽，万能之神。

（3）"眼脑直映"训练。

孩子们，这一段话请你快速地阅读，但是在阅读的时候有一个小小的要求：阅读前，请你先闭上眼睛，什么都不要想，集中注意力；阅读时，可以动嘴，但不出声，用眼睛浏览，用大脑搜索。

（4）小组讨论：这段话主要写了什么？

（5）全班分享：你是怎么读，怎么记的？

（6）教师点评：用直接概括的办法，抓住文章的内容提要，可以迅速把握文章主要脉络和大意。

同学们，我们用一分钟的时间就已经记下了一段话的主要内容，然后你再花一分钟时间把主要内容复述一遍，我相信龙的形象一定深深地藏在你的记忆中了！

3. 速读文章训练

（1）教师引导：一篇文章我们又该如何以最快的速度阅读和记忆呢？

（2）阅读竞赛要求：用"眼脑直映"的方法，以最快的速度阅读完下面这篇文章，我们要计时，最先阅读完的同学请举手。阅读完毕，请在脑中过滤一下，看看你获得了哪些信息。

（3）出示文章《树的故事》。

很久以前，有一棵大大的苹果树。一个小男孩每天都喜欢来这儿玩。他爬到苹果树上吃苹果，躲在树荫下打个盹儿……他爱那棵树，那棵树也爱跟他玩。时光流逝，小男孩渐渐长大。

一天，男孩回到树旁，一脸忧伤。树说："和我一起玩吧！"男孩回答："我已经不是小孩子了，我想要玩具，我想有钱来买玩具。"树说："抱歉，我没有钱……但是你可以摘下我的苹果拿去卖，这样你就有钱了。"男孩手舞足蹈，把苹果摘了个精光，开心地离去了。

又一天，男孩回来了，树喜出望外。树说："和我一起玩吧！""我没有时间玩。我要做工养家，我们要盖房子来住。你能帮我吗？""抱歉，我没有房子，但是你可以砍下我的树枝来盖房子。"男孩把树枝砍了个精光，开心地离去了。

一个盛夏，男孩回来了，树雀跃万分。树说："和我一起玩吧！""我很伤心，我越来越老了，我想去划船，让自己轻松一下。你能给我一条船吗？""用我的树干去造一条船吧。你可以开开心心地想划多远就划多远。"男孩锯下树干，造了一条船。

终于，多年以后，男孩又回来了。"抱歉，我的孩子，可惜我现在什么都无法给你了。我唯一留下的就是我枯老的根了。"树流着泪说。"我现在也没有什么需要了，只要有个地方歇一下就好了。经过了这些年，我太累了。"男孩说，"老树根是歇脚最好的地方了。"男孩坐了下来，树开心得热泪盈眶……

（4）不看原文，凭记忆回答老师事先设计好的三个测试题目：

这个故事主要讲了什么内容？

小男孩向树索要了哪些东西，分别去做什么？

这个故事给我们什么启示？

（5）在刚才的快速阅读过程中，咱们班有许多同学阅读速度很快，也能准确地回答出相关的问题，请他们来介绍一下，他们是怎样做到的。

（6）教师点评：我们可以通过概括主要内容，搜索与题目相关的一些信息（紧扣主题进行搜索），以及提问的方式来帮助记忆。

四、 团体结束阶段： "过目不忘" 有诀窍

1. 小组交流

（1）同学们，快速阅读可以帮助我们节省许多时间，同时也可以让我们记住许多知识来丰富自己的头脑。在小组里交流一下：你学到了哪些可以让我们快速阅读的方法？

（2）全班分享：想象、概括、搜索、眼脑直映等。

2. 教师小结

今天我们只是简单地尝试了一下快速阅读给我们带来的效率，如果我们平时在阅读中能不断地用这些方法加强对自己的练习，那么我们都会成为记忆的明星！最后老师还想与大家一起分享两句话：

第一句：我用心，我能行！

第二句：我也可以过目不忘，我也可以创造奇迹！

活动反思

整个活动过程学生参与的热情非常高。一开始的游戏就把学生拉进了记忆的活动中，设计这个游戏的目的是既想激发学生参与活动的热情，又想让学生理解只有专注才能提高记忆的效率。接下来，通过一层一层训练的深入，方法也慢慢地由简到难，学生也体会到了大脑思维活跃对记忆的重要性。活动中通过教师的语言与一个个训练让学生领略到速读带来的神奇效果，激发了学生的好奇心，让学生慢慢明白了：要想提高记忆的效果，速读时就要有一定的方法。设计中还特地增加了训练活动，让学生进一步感悟讲究方法的速读的确能提高自己的记忆效果。最后进行段与篇的速读训练，让学生在活动中感受速读带来的乐趣。

（浙江省嘉兴市南湖国际实验学校　朱丽琴　欧一清）

人的眼睛是如何阅读的

人的眼睛是如何阅读的？答案是：眼睛做一些较小的、规则的"跳跃"。这些跳跃通常每次只是比一个单词稍多一点，从而使眼睛从一个凝视点跳到另一个凝视点。因此，总的说来，眼睛并不是平滑地在书页上扫描，相反，它以较小的弹跳从左到右移动，并在继续移动和重复这些过程之前，会短暂地停顿一会儿以吸收一个或两个单词。

眼睛在移动、暂停、移动、暂停时，只有在暂停期间才能吸收信息，这些暂停用去了大部分时间。造成这些额外停顿的原因是，那些较慢的读者常常重复单词，有时往回跳 2～3 处。这些回跳的习惯，以及复读（有意识地回到那些被认为漏掉或误解的单词）使得那些交叉的读者过多地使用了凝视。由于每次暂停可能会延续 0.25 秒到 1.5 秒，因此，有可能通过缩短每次停顿的时间的方式，立即提高阅读速度。

研究表明，在 80% 的情况下，当不允许读者回跳或复读时，他们发现自己实际上已经理解了那些信息，并且是在他们开始阅读下一个词组时开始理解的。快速阅读者很少随意使用这些会急剧降低阅读速度的、不必要的重复。如果每次回跳或复读大约花 1 秒钟时间，并且每行回跳至少两次的话，那么阅读平均 40 行的一页内容将浪费 1 分钟 20 秒。以一本通常 300 页的书计算，1 分 20 秒乘以 300 等于 400 分钟，也就是 6 小时 40 分钟会被额外浪费在阅读上（而且没有理解）！

那些快速阅读者对眼睛的技巧稍作调整之后，其阅读量和阅读速度将是那些较慢读者的 350%。以每分钟 400 多字的速度阅读时，大脑会觉得舒服得多。而速度的增加会自然而然地导致理解能力的增强，这是因为信息按意思分块后会立即被大脑感受到。

因此，你的首要任务是要消除一些不良习惯：回跳、复读以及每次凝视时吸收的字太少，等等。

（东尼·博赞：《快速阅读》）

◆ **活动模块六**

告别童年

阶段目标:

促进小学 4~6 年级学生自我意识的健康发展,引导他们顺利完成小学学业。

适用年级:

小学五、六年级,以六年级下学期为主。

活动专题 31 | 我能"静心抓中心"（专注）

【活动参考目标】

1. 了解与理解

（1）了解男女生应该和谐相处，互帮互助，又应该掌握适当的沟通技巧。

（2）懂得小学的学业基础对顺利进入初中学习的重要性，小学毕业之前更需要"静心"。

2. 尝试与学会

（1）学会听取同龄人的建设性意见，尝试改变自己在与异性相处过程中不合时宜的行为举止。

（2）尝试在与异性相处的过程中表现出合宜、有礼、有节的行为方式。

3. 体验与感悟

领悟男女生之间不当的交往方式会给学习带来不良影响，体验男女生正确的交往方式带来的快乐。

【活动参考课例】

让"自然"显得自然些

——我能"静心抓中心"

活动理念

小学高年级学生正处于青春发育期的开始，是儿童心理发展的关键期。许多孩子正处于从对异性的"疏离与排斥"到对异性的"关注与接近"阶段。他们表面上将两性的界限明显划分，实际上又期待与异性的交流，渴望获得认同与赞赏；同时，他们的内心又充满忐忑，怕成为老师及家长眼中"不听话"的孩子。

本活动旨在通过游戏与活动，让学生了解渴望与异性交流是正常的青春期心理，同时帮助他们认识到其中的"度"，从而形成健康、积极的异性交往观，让其能够坦然相对、互相激励、互相帮助，以平和健康的心态，集中精力应对小学阶段学业任务的最后冲刺。

随机安排 4~7 人为一组，男女搭配，围坐在一张桌子的周围；各小组在教室内均匀分布，中间留下一块空地，作为游戏或展示之用；准备两对不同磁极的磁铁，一张太极图；服装配饰若干；卡纸、铅画纸等；拍摄视频《我该怎么办》供讨论使用；拍摄小学 1~6 年级男女生交往的校园生活照片。

一、 团体热身阶段："阴阳相生"

1. 随机访谈

你为什么与异性同学坐在一起？（大部分学生会与同性朋友一起坐，理由是和同性朋友比较熟悉，因害羞所以不与异性坐，等等）

2. 磁铁演示"异性相吸"

（演示"同性相斥，异性相吸"的自然现象）自然界中有许多相对却相生的例子，比如，太极图（出示课件）。你还能说出一些吗？（乾坤、凹凸等）

3. 引入话题

其实我们不必刻意去划清界限，这些都是自然之道。既然是自然之道，我们不妨让它"自然些"。（出示课题）

二、 团体转换阶段： 游戏 "1元5角"

1. 做游戏

游戏规则：游戏的名称是"1元5角"，所有的男生为"1元"，女生为"5角"，大家随着音乐在教室内走动，当老师喊出"×元×角"时，同学们迅速地组成相应的面值，组合人数不限，要求有男生有女生。

训练几次后，老师视各组人数均较为合理时，结束活动。学生以此时的组合为单位就座。

2. 组内交流 3 分钟

要求：必须是男女生对话，话题不限。

三、 团体工作阶段： 我该怎么办

1. 播放视频

最近，有一位六年级的男生遇到了一件事，他希望大家能够帮帮他。请看视频《我该怎么办》。

小丽很喜欢同班的小陈。有一天，她悄悄送给小陈一件礼物，并在礼物中夹了一张纸条：

小陈：我喜欢你，喜欢你爽朗的笑声，我钦佩你的学习成绩那么优秀，钦佩你那么乐于助人，我想和你交朋友。

小丽　×月×日

小陈看到纸条，心里很矛盾："我该怎么办呢？"

（1）分组讨论：假如你是小陈，你会怎么办？（学生讨论）
（2）教师点评：与异性交往要适时、适度。

2. 继续播放视频

下午放学时，下起了雨。小陈走在回家的路上，他看到小丽没有带伞，手里还拿着一大包物品。小陈刚想走上前为她遮雨，忽然脑子里闪现出今天小丽给自己写的纸条，又犹豫了。

（1）教师提问：你们觉得，小陈要不要去帮助小丽呢？
（2）学生讨论，陈述各自的观点。（大多数学生认为应该帮助小丽）
（3）教师小结：帮助别人，不应该有性别差异。

3. 游戏："男女搭配"

（1）游戏规则：我们每个小组里都有男生、女生，这个游戏要发挥你们各自的优势，在现有服装的基础上，设计出别致的男女生服装，5 分钟以后，请各组派出模特进行展示。
（2）学生自行设计、包装、展示。
（3）学生交流男女生合作时印象最深的地方。

（4）教师点评：看来，大家从刚才的合作中，感受到了男女生在性格、能力、优势上的互补。我们在今后的学习、生活中可以更多地发掘对方的长处，互相学习、互相激励。

4. "头脑风暴"：让"自然"更自然

（1）教师引导："异性相吸"是一种自然现象，处在这一特殊时期，大家的智力发展正处在"加速期"，好奇心、求知欲、记忆力增强，容易接受新事物，所以现在是学习知识、发展智力的"黄金时期"。这也是一种"自然现象"。

（2）"头脑风暴"：六年级的我们，面对两个"自然"的发展矛盾，我们可以做些什么呢？

"头脑风暴"要求：只说自己的看法，不反驳别人的看法，看法越多越好。

（3）反馈与点评。"自然"的东西一定有它自然的发展规律，如果要超越自然规律，"自然"的事物必定会"夭折"。

四、 团体结束阶段： 珍藏童心

1. 情境再现，感受童心

我们在小学已经生活了五年多的时间，让我们跟随童年的画面，去回忆我们男生女生开心地在一起的情景。

出示一组照片：

我们是快乐的小伙伴。拔河比赛，我们配合默契，勇夺冠军；合唱比赛，我们歌声嘹亮，一举夺魁；广播操赛场上，我们步伐整齐，又夺第一。国旗下的演讲，儿童节，科技节，我们互相合作，精彩不断。

我们的课余生活更是丰富多彩。诚信义卖活动、读书俱乐部捐书活动、"学雷锋，做好事"，处处有我们忙碌的身影。我们去郊游，男生女生一起划船，一起捣年糕，一起挖番薯，一起烧烤，一路欢歌，一路笑语……

（1）回顾我们一起走过的童年之路，你有什么感受？

（2）如何做才能让我们在小学毕业前珍藏好这一颗颗天真纯洁的童心？

2. 祝福你，异性朋友

（1）我们在一起生活了将近六年，在小学阶段的最后半年里，请同学们在小卡纸上写一句对异性朋友最真挚的祝福。（播放音乐《青春纪念册》）

（2）请男女两位同学分别起来大声读一下对同班异性好友的祝福，然后将卡纸送给这位同学。

3. 教师小结

真心地希望在座的每一位同学，珍惜小学时光，珍惜友情，谱写出一曲美好的青春之歌。

活动反思

这节心育辅导课的主题让学生既兴奋又害羞。在团体转换阶段，我们让学生通过"1 元 5 角"的游戏进行分组，让学生更容易接受"异性组合"这一形式。为了让学生更好地交流合作，我们在进入团体工作阶段之前补充了"组内交流 3 分钟"这一环节，让学生之间增进了解。"男女搭配"这个游戏，可以说是本节心育辅导课的高潮，学生到了这个阶段，已经彻底融入集体活动中，小组成员通过几次活动也有了一定的默契。这个游戏既能发挥他们的创造力，又能让他们发觉对方的优势，从而懂得分工合作。在展示服装时，模特必须是一男一女，让学生在其他人赞赏的目光中，感受自信与从容。团体结束阶段，通过回顾小学六年来共同走过的童年之路，引导学生珍惜时光，集中精力抓好当前的学习。

（浙江省宁波市江东区中心小学　吴　炯
浙江省温州市平阳县昆阳镇第二小学　王剑秋）

【活动参考资料】

儿童期晚期对异性的兴趣

因为同伴团体在儿童时期对跨性别的互动有压制的力量，所以孩子们在处理偶尔不得不与异性相处的情况的时候，也发展出了一套仪式化的机制行为。而某些跨性别的互动方式虽然说是主动且刻意的，但是其结果反而在加深性别间的鸿沟。比方说在男生和女生中间常见的争吵、男生捉弄并追逐女生的游戏，或者是更常出现的状况，就是男生在女生自己玩的时候故意去破坏并且干扰游戏的进行，等等。不过，如果女孩子跑去参加男生游戏的话，通常男孩子们反倒是愿意让她加入，而不会停止游戏不让她一起玩。

尽管男生和女生之间有这么严重的性别隔离现象，但是孩子们对于性别角色的刻板印象，却也使得他们很能开始理解到异性可以是其未来发展浪漫关系的对象。到了儿童期的晚期，孩子们可能会开始表现出对异性的兴趣，虽然此时这些表现并不特别针对某个特定的异性而发。这个时候的跨性别互动就开始陷入一种很微妙的紧张状态，而且会开始产生一些暗示性或者看似无意的外表展示行为，或是嘲笑或是捉弄异性的举动。在言辞当中，孩子们也会以大声嘲笑、羞辱异性或是虚张声势的方式来掩藏自己对异性的好奇心。也许正因为这个原因，才使得孩子们早期的异性人际关系比较不那么稳定，且维持的时间短暂。

（Erwin：《成长的秘密——儿童到青少年期的友谊发展》）

活动专题 32
我能"扬长又容短"（自知）

【活动参考目标】

1. 了解与理解

通过活动了解每个人都有其独特性，体会如何正确地看待自己与他人，促进自己更好地成长。

2. 尝试与学会

能够正确看待自己与他人的优点与不足，更好地完善自己。初步学会分析自我、调整自我的方法。

3. 体验与感悟

通过活动进一步感受自己的独特性，体会同伴间的关爱，并能悦纳自己。

【活动参考课例】

手的启示

——我能"扬长又容短"

活动理念

积极的自我意识是健康心理形成的重要基础，也是健康人格发展的必要因素。五、六年级正是自我意识发展十分迅速的时期，因此，教师需要关注学生自我意识的发展，特别要注意学生自我评价的不稳定性；帮助他们正视自己的学习生活现状、接纳人与人之间的差异。许多学生正是因为不能正确地认识自己，或自我评价过高，或自我评价过低，而影响了自己的情绪和人际关系。本节心育活动课旨在通过学生亲身参与活动，使学生能够正确看待自己与他人，并不断完善自己。

活动准备

不同边框的图画纸若干；彩色笔、铅笔盒；"百宝箱"一只；多媒体课件；课前小调查。

活动过程

一、团体热身阶段："石头、剪子、布"

1. 课件出示"石头、剪子、布"的图标

（1）说明游戏规则。

（2）玩一玩"石头、剪子、布"的游戏，快速出手势，看谁反应快！

2. 教师点评

小小的一双手，也能掀起情绪的波澜，给我们带来许多的快乐！

二、 团体转换阶段： 我画我的手

1. 画画手形图

（1）引导学生将自己的手与同学的手进行比较。

（2）（教师示范）将自己的手压在纸上画出轮廓来，让学生画自己的手形。

（3）启发学生：发现了什么？（教师走到学生中去，和学生一起活动）

（4）学生展示自己的手形图。

2. 教师点评

看来我们每个人的手和别人的都是不一样的，即使是最好的朋友，孪生的兄妹，手也会有不一样的地方，这双手是我们自己所独有的。

三、 团体工作阶段： 认识自己的 "手"

1. 心手相连看我"手"

（1）教师引导：其实，这双手就可以代表我们自己，借助这双手我们还能认识自己。瞧，五个手指各有长短，就像我们人一样。大拇指用处最大，做任何事都少不了它，于是，它代表我们最突出的特点；食指，是主要劳动者，关灯按钮点击都少不了它，所以，它代表自己最欣赏的优点；中指最长，所以象征着我们的特长、爱好；无名指看似不起眼，却最重要，五个手指中，唯一连通心脏的血脉就在它身上，而人们常常把自己最珍贵的钻石戒指带在无名指上，它意味着我们身上最宝贵的品质；至于小指，一般都是辅助功能，好比我们身上的缺点和不足。

（教师板书：大拇指——最突出的特点；食指——最欣赏的优点；中指——特长、爱好；无名指——最宝贵的品质；小指——缺点和不足）

（2）学生活动：在刚才画的手形图的每个手指上，写一写自己的优缺点。

教师示范：（出示投影）

最突出的特点：思维敏捷、表达清楚；

最欣赏的优点：书法漂亮、积极乐观、

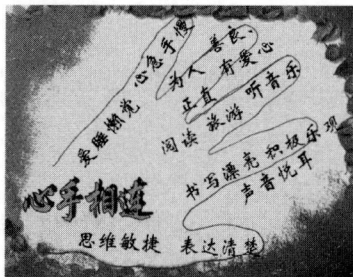

声音悦耳；

特长、爱好：阅读、旅游、听音乐；

最宝贵的品质：善良有爱心、为人正直；

缺点和不足：爱睡懒觉、心急手慢。

（3）学生完成对手形图的分析（教师随机指导）。

（4）在小组内交流手形图，具体说说自己的五根"手指"。

2. 朋友说说我的"手"

（1）教师引导：其实，在这个年龄段，我们更在意同伴们的评价。大家是不是很想知道在朋友的眼中，自己是什么样的？那么，我们一起让"朋友说说我的手"。规则是：按照五根手指的顺序说，用具体事例来评价。

（2）小组内轮流评价每一位同学的"手"。

（3）随机提问：在同学对你的评价中，对哪一根手指的评价让你觉得比较意外？对哪一根手指的评价让你最开心？

（4）根据同学的评价，修改自己手形图上的文字分析。

3. 猜猜这是谁的"手"

（1）教师在征求学生同意后，随机抽取手形图，将其一一折叠，放入"百宝箱"（摇动盒子，故弄玄虚，营造气氛）。

（2）请学生来抽取，并猜猜这是谁的"手"？

（3）教师随机引导：怎么猜出来的？瞧，这就是你身上最突出的特点，你自己了解，同学们也发现了。

你真幸福，现在你更加全面地了解自己，我们每个人都有值得自己骄傲的亮点，当然也有让自己觉得烦恼的地方。

（4）教师点评：在刚才的活动中，每个同学的脸上都洋溢着灿烂的笑容，因为有了大家的帮助，我们对自己的了解更加全面了。

4. 高高举起我的"手"

（1）教师引导：五个手指头，各有不同处。小指虽然弱，却是不可缺。正确看自己，才能更自信。现在，谁愿意走上讲台，闪亮登场，介绍你自己呢？

（2）学生自愿上台，高举小手介绍自己。

（3）教师点评：孩子们，我们或许不是最优秀的，但是，我们一定是最努力的！这样的你，是世界上独一无二的！你最棒！

四、团体结束阶段："手"的启示

1. 五指握拳多"给力"

（1）请每一个人都握紧拳头，感受自己的力量。

（2）请每个人在"手形图"的掌心部位写一个你最想写的字。

2. 教师小结

老师的掌心上，写着一个字，与大家分享——"信"。

相信自己，能够做得更好；

相信自己，能够过得更好；

相信自己，能够战胜不足；

相信自己，一定是最棒的！

这就是手带给我们的启示。（播放歌曲《手拉手》）

活动反思

本节心育活动课的一个亮点是画"手形图"。从课题、活动，到结束时的歌曲，都将"手"这个词贯穿始终。其实，在心育活动课上画手形图，是一种常见的形式。只是本节课除了画手形图外，还借图让学生进行自我分析和相互评价。通过活动交流，赋予了手形图更多的内涵。从平面到立体，从沉静到鲜活，使手形图这个载体发挥了最大的作用。

本节课的另一个亮点是"朋友说说我的'手'"这个环节。在四次试教中，我发现这个环节学生的情绪特别高涨，既能体会到同学点评的快乐，也表现出了对他人的信任和尊重。

第一次尝试心育活动课，心中既迷茫又充满期待。在与学生一起探索自我的路上，在反复磨课的锻炼中，我也在不断地认识自我、认清"心理辅导"这四个字的真正含义。

（浙江省嘉兴市南湖国际实验学校　李晓庆）

自我呈现帮助我们建立自我身份

自我呈现是人类本性中不可或缺的一部分，但为什么人们一定要这么在意其他人对自己的看法呢？

因为自我呈现是一种"建构"自我形象的方式。我们对自身形象的认知，也就是我们的自我概念，其中一部分来自于我们是如何理解他人对我们的看法的。举个例子，我们认为自己有幽默感，而如果在各种恰当时机下其他人的确被我们的表现逗笑了，那就更容易帮助我们确信自己是有幽默感的。这种观点有一个有趣的意义，即体现在我们对同伴的选择中。如果他人对我们的看法与我们对自己的看法相同，我们往往就更愿意亲近这些人，比如，当人们对自己抱有积极的看法时，就更愿意与喜欢他们的人互动……通过经营自己在他人眼中的形象，我们就能更好地管理我们在自己心目中的印象。

关于自我形象对个体的影响，有些研究者提出了一个可能更为直接的方式……人们有时会做自己的观众，即不仅向别人呈现自己，还会自己向自己呈现。简单地说，你想把自己看成是什么样的人，你就需要表现出来。

总而言之，自我呈现帮助我们获得我们需要或看重的东西，帮助我们建立和维持所渴望的自我身份，也使我们的社会交往更为顺畅。

（肯里克，等：《自我·群体·社会：进入西奥迪尼的社会心理学课堂》）

活动专题 33

我能"与挫折同行"（坚毅）

【活动参考目标】

1. 了解与理解

（1）理解遇到挫折是人生中的正常现象。

（2）了解对挫折看法不同，会有不同的行为结果。

2. 尝试与学会

学会调整挫折带来的情绪，尝试用积极的方法应对挫折。

3. 体验与感悟

感悟挫折是成功的基石，树立"我要成功"的信心。

【活动参考课例】

挫折伴我高飞
——我能"与挫折同行"

`活动理念`

随着年级的上升，小学生在学业上的挫败感也会逐年增强。尤其是六年级的学生，此时他们正面临学习生涯中一个重要的转折时期，因此对失败的感受也就特别强烈，有的学生考差了就一蹶不振。同时，父母、老师都对学生期望很高，无形中又增加了他们的压力。本课旨在转变学生看待挫折的方式，激发学生战胜挫折的勇气和信心，提高他们的抗挫能力。

`活动准备`

"奋斗脚丫卡"、"高飞卡"每人1张；精美"勇气卡"（小奖品）若干；视频；flash《飞得更高》。

`活动过程`

一、团体热身阶段："小鸟长大"

1. "小鸟长大"

（1）游戏规则。同桌两人猜拳，胜者变"小鸟"，"小鸟"找"小鸟"猜拳，胜者变"王"。如果输了，就下降一个层级。时间3分钟。

（2）游戏要求：真实，诚实；不到时间不能停止，升到了"王"也要找"王"猜拳，音乐停止，活动才停止；活动结束后记住自己的身份。

（3）学生开始做游戏，教师随机指导。

（4）分享：从游戏中你感受到了什么？

2. 教师点评

在游戏中我们并不是一帆风顺的，有前进，也有后退。人在成长道路上也是如此。

二、 团体转换阶段： "小鸟折翅"

1. 聆听故事，感悟挫折

（1）教师引导：每个人的成长道路上，都会遇到这样那样的挫折。有些挫折，我们是无法控制的，是不可避免的。但有些挫折，我们是可以掌控的。对待挫折的态度不同，结果会有何不同呢？下面，我们来听听两个真实的故事。

（2）出示课件。

故事1：有一个10岁的小男孩，为了参加车模比赛，每天放学后练习，但是在参加正式比赛时，因车子跑出赛道，未取得名次，自此退出车模社团。

故事2：另外一个10岁的小男孩，也是学校车模小组的成员，多次参加比赛未获得名次，但是他从不气馁，请教老师，自己钻研琢磨，最后功夫不负有心人，在一次比赛中获得了冠军。

（3）学生讨论：故事中的两个男孩对待挫折的态度有什么不同？结果又有什么不同？

2. 小组交流

（1）小组讨论：在你的记忆中印象最深的一次挫折或失败是什么？当时你的心情怎样？分析过原因吗？

（2）全班分享。（教师随机引导，说明学生分享的事例中，有一些是挫折，有一些可能只是困难，或者是意外变故，以澄清对"挫折"的认识）

（3）教师点评：我们每个人在生活中都会有一些努力的目标，当这些努力遇到障碍或失败时，我们就有一种受挫的感受。这些都是很正常的，关键是看我们怎么对待它。

三、 团体工作阶段： 振翅高飞

1. 心灵感悟

前段时间有一位同学和大家一样，遇到了些挫折，我们来看看。(出示课件)

大家好，我是小飞，是六年级的学生。以前我的成绩一直排在中上。进入新学期时，我还暗下决心，要在期中考试中取得好成绩，各门成绩都要"优"。两个星期前的期中考试，因为我一些应用题不会做，数学考砸了，没能取得"优"。

成绩出来后，我被父母骂了一顿，心里特别难受。我不停地想：我努力了，但还是没能取得"优"，我挺笨的！从那后，我对学习越来越没有兴趣，暑假里又迷恋上电脑游戏了。现在成绩更差了。

(1) 小组讨论：刚开始小飞还是有决心好好学习的，是什么原因使他考后大变样？

(2) 教师点评：小飞对待挫折的态度是：悲观失望，自暴自弃。有一位成功的人曾说，如果我碰了99个"钉子"后，就会有1个成功的机会，那我每碰一个"钉子"就离成功近了一步，所以每次碰一鼻子灰时我都会很高兴。由此可见人们看待挫折的方式不同，结果也不同。积极对待挫折一定会有不错的结果。

(3) 小组活动：如果你是小飞，考砸了以后该怎么办？把你想到的方法写在"奋斗脚丫卡"上。写的过程中可以互相交流。

(4) 学生交流。每组派代表汇报，并把"奋斗脚丫卡"贴在黑板上。

(5) 教师点评："寻找原因、合理宣泄、寻求帮助、自我鼓励、正确认识、树立信心、磨炼意志、转移注意、替代补偿、幽默消愁……"这些方法都能帮助我们度过受挫之后最艰难的时刻。

2. 心语心愿

(1) 出示乙武洋匡的图片（遮住下半身）。

(2) 教师引导：他考上了日本最有名的早稻田大学，当上了作家及一家电视台的主持人。看着乙武洋匡灿烂的笑容，你们感觉这个人生活得怎么样？

(3) （投影呈现乙武洋匡的下半身）你现在有何感受？

(4) 学生分享感悟。

（5）教师点评：相信乙武洋匡的遭遇和奋斗经历一定震撼着我们每一个人的心灵。他并没有以自身的残疾为借口，而是在平时的学习中付出比别人更多的努力。他的目标就是做最好的自己。因此，他勇敢地面对生活中的种种不幸遭遇，最终成就了自己的灿烂人生。

3. "勇气卡"大派送

（1）活动规则：同学们只要回答出下面三个问题中的一个，就可以获得"勇气卡"：

请你讲一个自己面对挫折、鼓起勇气战胜挫折的事例；

请你讲一个伟人克服挫折、取得成就的事例；

请你讲一句你最欣赏的有关战胜挫折的名言。

（2）学生自由发言，老师给发言的同学赠送"勇气卡"。

（3）教师点评：刚才同学们对如何战胜挫折提出了很多好办法。正如古人所说，"两军相遇勇者胜"，希望你们今后遭遇挫折时能正视挫折，战胜挫折，成为生活中的"勇者"和"强者"。

四、 团体结束阶段：飞得更高

1. 播放 flash《飞得更高》

（1）教师引语：人生中难免会遇到挫折，只要我们把挫折踩在脚下，就一定会飞得更高！一起来欣赏 flash《飞得更高》。

（2）填写"高飞计划"表。

其实，成功的人之所以能取得成功，是因为他们都有一个明确的目标，朝着目标不断努力，即使失败了，也不放弃。可见树立目标、确定计划可以帮助我们提高对自己的认识，鞭策自己，让我们来制作一份"高飞计划"吧！

"高飞计划"表

目前我在学习中最大的心愿	
我可能会遇到的困难和挫折	
面对困难和挫折我会这么做	
能给自己鼓励的榜样或名言	

2. 教师小结

在人生的风雨历程中，刚开始我们会像初生的小鸟一样，会遇到许多坎坷。但只要你一步一个脚印，只要你不断尝试，只要你坚强、勇敢、自信，就一定会拥有七彩的人生，一定能够飞得更高、一飞冲天！

活动反思

在上课前，我们对学生做了调查，针对小学高年级学生尚不能正确面对挫折的现状，选择了"应对挫折"作为主题。小学生对自我的认识带有很大的片面性，如果不能正确认识挫折，一旦他们在学习中遭遇挫折，就很容易自暴自弃，对他们的学习和个人成长都会带来负面的影响。所以本节课的内容非常有针对性，贴近学生生活，符合学生心理发展的需要。

"心育"必须回归儿童的世界，回归生活的世界，回归现实的世界。要做到这一点，除了在内容的选择上要贴近学生现实生活外，更要求我们在辅导过程中能够理解学生的心灵、情感和实际困惑。在这节活动课中，我们十分重视学生的情感体验，注重引导学生在团体活动中感受同伴的力量，从同伴身上获取智慧和勇气。比如，小组合作帮助故事中的"小飞"解决问题的过程，就是在帮助别人的同时，也帮助了自己与班里其他有同样问题的同学。同时，榜样的力量对鼓舞学生战胜挫折也极为重要，活动中展示的日本青年乙武洋匡的感人事迹，确实震撼了学生的心灵，给他们带来了难忘的启迪。相信他们通过这一次活动能收获体验，收获成长！

（浙江省瑞安市仙降镇中心小学　钟方来

浙江省宁波市江东区中心小学　沈莉伊）

【活动参考资料】

重要的是你愿意再做尝试

挫折和艰难经常能加强我们的力量。南丁格尔伯爵是一位著名的激励演说家，他曾经讲过一次自己游览大堡礁的故事。他注意到在礁石的平静侧面生长的珊瑚虫，虽然此处的海水平缓安静，这些珊瑚虫看起来却苍白没有生命力。可是，不断受到强大的波浪噬咬的珊瑚虫，却显得健康富有生命力。伯爵先生问导游何以如此。回答是："很简单。在礁湖平静面生长的珊瑚虫，由于遇不到成长和生存上的挑战而迅速死亡，而面对开放的海水的珊瑚虫，由于每天都受到挑战和检验而兴盛发达、成倍生长。"地球上的所有生物都是如此。如果我们从不挑战自己，就绝不会有成功的机会。我们可以选择维持现状，也可以利用我们生活中的失败和挫折来加强自身，并帮助自己不断接受我们的目标。集中注意你过去的成功，忘掉过去的失败。从你的错误中学习，然后把它们从记忆中抹去。你在过去有过多少次失败并不重要。重要的是你愿意再做尝试。

（韦特利：《成功心理学——发现工作和生活的意义》）

活动专题 34
我能"惜时如惜金"（惜时）

【活动参考目标】

1. 了解与理解

了解完成学习目标必须要制订明确而具体的学习计划。计划越是具体可操作，就越是容易达成，并能有效地防止拖延。

2. 尝试与学会

尝试规划自己可支配的时间，初步学会制定合理的学习、娱乐、锻炼、休闲时间表，并能进行记录和监控，对执行良好的条目能进行自我奖励。

3. 体验与感悟

（1）体会充分而合理地利用时间对完成学习任务的重要性。

（2）感受按计划完成学习任务的快乐。

一切尽在计划中

——我能"惜时如惜金"

活动理念

随着知识的加深，难度的加大，学生的学业压力开始增大。面对这种新的环境，只有那些懂得合理安排学习生活、完成任务不拖延的学生，才能在学业上有较好的表现。本节课旨在让学生了解时间管理的重要性，通过学会做计划，引导学生进行自我监控，最终达到用计划来科学管理时间、合理利用时间的目的。

活动准备

多媒体课件；练习纸；直尺；座位按 6 人一小组呈 T 形排列。

活动过程

一、 团体热身阶段： "画线段"

1. 跟着感觉画

上课之前，我们先来动手做一件事情。请大家拿出笔和本子，不用直尺，凭感觉分别画出 1 厘米、3 厘米和 10 厘米长的线段。请三位同学到讲台上示范。

2. 自我评估线段

现在拿出直尺，测量所画线段的实际长度，并标出长度，同时计算每条线段的误差。

3. 讨论

（1）根据计算出的误差，你有什么发现？

（2）如果这些不同长度的线段代表大小不一的目标，这个小活动又告诉了我们什么？

4. 教师点评

目标越小，越有可能实现，我们制定目标要小而具体。我们学习当中的具体表现就是一个个小的学习计划。

二、 团体转换阶段： "时间馅饼"

1. 刘小小的 "拖拉病"

（1）表演小品。

刘小小放学回家后，本想做家庭作业，但是刚翻开书本，看到桌边放着的游戏机，就玩了会儿游戏；之后他又看了一会儿电视。这样时间就悄悄地过去了两个小时，可是作业却一字未写。到了晚上八点，看着时间实在来不及了，刘小小就随便写了几笔，算是完成了作业。

第二天，刘小小被老师找去谈话了。

（2）小组讨论：看了这个小品，你觉得刘小小的问题出在什么地方？你觉得在自己身上有没有刘小小 "拖拉" 的影子？如果 "非常拖拉" 是10分，"一点不拖拉" 是0分，你的 "拖拉" 习惯是几分？

（3）教师点评：做事 "拖拉" 是我们很多同学的 "通病"，这个通病在双休日可能表现得更为明显。下面我们来做一个 "时间馅饼" 的游戏吧！

2. "时间馅饼" 游戏

（1）游戏规则：除去必要的睡眠时间，你周末的时间是如何分配的？如果整个周末的时间是一块大馅饼，看书、看电视、玩电脑、学习和锻炼分别占了多少？把自己的分配情况绘制在 "时间馅饼图" 上。

（2）分组讨论。看看自己的 "时间馅饼"，哪方面比例最高，哪方面可以增加一些时间？

三、 团体工作阶段： 做一份 "晓琳计划"

1. 学做计划

（1）讲故事：《从普通家庭走出的牛津学生》。

2004年9月12日，刘晓琳以全额奖学金获得者的身份登上了飞往英国牛津大学的飞机。刘晓琳从小学到高中，就读的都是普通的学校，她的父亲是广东某小镇上的工人，母亲是普通的家庭妇女。在这样的教育环境和家庭背景下，她是如何取得成功的？带着这样的疑问，记者采访了刘晓琳的家长——

家长提到了一件让刘晓琳记忆深刻的事情，那是上了小学之后，她按老师的要求，做了份"学习计划"。

"学习计划"这种东西，每个人在上小学时，几乎都做过；不过，完全按计划行事，却没有几个能坚持下来。晓琳也是如此，刚订计划时，她几乎把所有的空余时间都填满了，其间只像在学校上学时一样，留了几个10分钟的休息时间。看到这个计划，爸爸要求晓琳修改，甚至还添上了打游戏机30分钟、与小朋友玩30分钟……晓琳急红了脸，觉得爸爸这不是在做计划。

"计划的关键在于坚持按计划进行。"爸爸说，"我可以不改你的学习计划，不过，你要想好，你能坚持吗？"

"那，就按你改的计划好了。"想了很久，晓琳才同意了爸爸的要求。

果然，在同学当中，只有刘晓琳一直在按计划学习，而且，学习成绩也一直名列前茅。而她的那些做了密不透风学习计划的同学，不但放弃了计划，学习成绩也忽高忽低不稳定。

爸爸认为，做工作和做人是一样的。所以，让孩子养成做事不放弃的习惯很重要。无论是在学习还是生活中，都要制订计划，按计划行事。遇到困难了，可以寻求帮助，可以改变一些策略，但不能放弃计划。只有学会了不放弃，孩子才能成为一个具备成功习惯的人。

（2）猜猜看。看完晓琳的故事，大家一定很佩服这个普通家庭的孩子。如果晓琳想在一周的课余时间内把30个英语单词和40个生字学会，她会怎么计划一天的时间？

（3）动动手。动起手来，像刘晓琳那样做计划。每个组综合大家的想法，提交本组的"晓琳计划"。

（4）教师点评。教师结合学生范例，引导"做计划"的过程为：确立目标、采取措施、排定时间、严格执行和检查验收。对于自己执行良好的计划条目，一定要适当地奖励自己，比如，看一会电视、吃点零食……记得是"适当"。

2. 关注自己

（1）呈现图文故事。

日本近代有一位一流的剑客，叫宫本。一位叫柳生的年轻人一心想成为一流的剑客，就慕名前来拜宫本为师学艺。

柳生问："师傅，按我的资质，要成为一流剑客需要多少年？"

宫本回答："10 年。"

柳生说："如果我加紧练习呢？"

宫本答道："20 年。"

柳生疑惑了："为什么我越努力，反而需要的时间更长呢？"

宫本答道："要当一流剑客的先决条件，就是必须永远保持一只眼睛注视自己，不断地反省，现在你两只眼睛都看着一流剑客的招牌，哪里还有眼睛注视自己呢？"

（2）小组讨论：日本剑客的故事给我们什么启发？

（3）教师点评：在计划实施过程中，一定要记得时常关注自己是否按照计划进行，记得及时给自己进行总结。学习再忙，也要拿出总结的时间。

四、 团体结束阶段："不做爱丽丝"

1. 呈现故事片段

在《爱丽丝梦游仙境》中，有一段爱丽丝与猫的对话很有寓意。

爱丽丝问："能否请你告诉我，我应该走这里的哪条路？"

猫回答："这要看你想去哪儿。"

爱丽丝说："我去哪儿都无所谓。"

猫说："那么，走哪条路都是一样的。"

2. 教师小结

同学们，如果你的学习没有目标没有计划，你就会没有方向，而没有方向的学习自己是无法掌握的。如同猫所说的，没有方向，任何的努力都没有区别，都是自己无法把握的。想把握学习的前进方向，就从现在开始，学会做计划，执行计划！

活动反思

本节心育活动课最大的特点是设计了一个个活动情境，引导学生自己去感悟和体验。例如一开始的"画线段"，学生在实践中就会发现，目标越大，出现的误差也可能越大，由此感悟到制定目标要尽可能缩小切口。"晓琳计划"的情境设置也暗含着制订计划要有"可行性"，但这个要求并非直接地说教，而是通过父女之间的对话一步步引导学生去体会的。在团体结束阶段，爱丽丝与猫的对话寓意深刻，相信六年级学生也能悟出其中的"玄机"。当然，总的看来，这节课的活动性还需要加强，在"时间馅饼"这一环节，学生对周末各部分时间比例的安排可能存在一定的难度，需要进一步细化指导。

（浙江省宁波市江东第二实验小学　李慧梅

浙江省嵊州市爱德外国语学校　金慧慧）

【活动参考资料】

我们为何做事拖拉

　　每个人有时都会在不喜欢的任务上拖拉，但是，为什么有些人会如此经常地拖拉？许多人利用拖拉来避免为自己的生活负责任。他们告诉自己："我为此次考试只准备了 15 分钟，得个成绩 C 也不算太坏！"这就是所谓的自我瘫痪——为你的成功设置障碍，以便为自己的糟糕表现制造借口。通过在自己的道路上设置障碍，自我瘫痪者让自己免遭失败之责。他们可以把自己的"瘫痪"点（缺少时间、缺少睡眠、忘记学习、得了感冒）当做真正的罪犯。有些人拖拉乃是因为他们是完美主义者。他们如此强烈地想完美地做成某事，以致在自己做好了一件事时还认为是失败。他们因而拖拖拉拉，然后在最后一分钟时心里一片恐慌。还有一些人认为，自己应该一直等到"情绪来劲"时才开始一项任务。不幸的是，他们越是拖拉，情绪就越是上不来。最初只是一件小事情，却积累成了一件大事……停止拖拉的最好办法是朝着目标（任何事情）做起来。把你的项目分成一些小步骤，并且先完成一小步。例如，告诉你自己，你将只花 15 分钟来为文章写提纲、打扫厨房台面或者为你的个人简历选定一种格式。当你把一个项目划分成几个小部分时，你将发现它并不困难。还要养成事前定计划的习惯。不要拖延一个项目的开展，趁早着手进行。你也许想先从一项容易的任务开始，然后着手扩展到较难的任务上，或者你会偏好一下子就跳到艰难的任务，以便让这些任务先做起来。采取行动有助于你保持受激励的状态并防止拖拉。记住这样的简单道理：你越快地开始一个项目，就能越早地结束它。你也将有更多的时间从事其他活动，这样你就能享受这些活动而不必为手头上未完成的项目而感到有压力。

（韦特利：《成功心理学——发现工作和生活的意义》）

活动专题 35 | 我能"复习讲策略"（善学）

【活动参考目标】

1. 了解与理解

（1）了解学会复习对于顺利完成中小学课程衔接的重要性。

（2）了解复习的基本步骤。

2. 尝试与学会

（1）初步掌握"四轮复习法"。

（2）尝试制订期末复习计划。

3. 体验与感悟

在学习科学复习方法的过程中感悟"重复是学习之母"。

【活动参考课例】

复习不是炒冷饭

——我能"复习讲策略"

活动理念

小学六年级的学生已有较强的自学能力，且抽象思维能力正逐步发展，但他们仍是孩子，爱玩是天性。因此，他们的学习活动仍存在随意性。由于他们将要升入初中，大量的知识要加以巩固运用，所以毕业前的复习是很重要的环节。但有些学生即使复习，也只是简简单单地看书，或是一味的死记硬背，缺少必要的复习策略和复习方法；还有些学生虽然意识到了复习的重要性，但复习不得法，复习时，只是做老师布置的作业，没有针对性，这种复习的方法显然效果也不理想。

本次活动针对小学六年级学生的年龄特征和学习活动的特点，帮助学生认识到复习的重要作用，引导其掌握科学的复习策略和复习方法，以便他们更好地巩固小学阶段所学到的知识，并为他们顺利进入初中打好基础。

活动准备

小黑板一块（把统计项目写好，上课时填写数字用）。

活动过程

一、 团体热身阶段： "逝者如斯夫"

1. 投影呈现

大屏幕上出示气势磅礴的黄河，奔流向东不复归。同时，播放交响乐《黄河颂》。课件出示滚动字幕——子在川上曰："逝者如斯夫!"

2. 分享感受

这一段画面和音乐给你带来什么样的感受？

3. 教师点评

孔子说："时间就像这眼前的流水一样，一去不复返啊!"他的这一千古名句，让人感受到一种生活中的紧迫感，激励人们要分秒必争，努力完成自己的使命。相信今天坐在教室里的同学们也会有一种激情在胸中涌动。

二、 团体转换阶段： 我进入状态了吗

1. 教师指导

亲爱的同学们，还有不到一个月的时间就要考试了。提到考试，相信你

一定有一肚子的话要说。老师想了解一下你们最近在复习阶段中的表现，请大家举手指告诉我：感到焦急不安的同学举一根手指，自认为是有条不紊的同学举两根手指；同样，考前无计划复习到哪里算哪里的举一根手指，有复习计划的举两根手指。（学生举手指）

2. 小测试

（1）教师出示投影。

a. 焦急不安人数（　　），百分比（　　）。

b. 有条不紊人数（　　），百分比（　　）。

c. 考前无计划复习到哪算哪里的人数（　　），百分比（　　）。

d. 考前先制订计划再复习的人数（　　），百分比（　　）。

（2）统计结果并点评：根据数据统计，考前无复习计划的人数占××，情绪焦虑的人数占××。如果这样的话，可能要影响我们的考试成绩，不能把我们的真实水平展示出来，这是一个亟待解决的问题。

三、 团体工作阶段："四个轮子一起转"

1. "四轮复习法"

（1）投影：《小莉的复习诀窍》。

离期末考试只有一个月了，小辉心里急得要命，每天起早贪黑抓复习，但总觉得效果不佳。一天，她在放学路上和同班同学吴莉边走边聊烦心事，吴莉告诉她，复习不是炒冷饭，不能死记硬背。她采用的是"四轮复习法"：

a. 第一轮复习——系统复习；

b. 第二轮复习——抓好重点；

c. 第三轮复习——解题训练；

d. 第四轮复习——反复背诵。

（2）分小组就吴莉提出的"四轮复习法"开展"头脑风暴"，每两个大组讨论一个复习轮次，大家献计献策。

（3）各小组意见形成之后，在全班范围内进行交流。

（4）教师点评并概括。

a. 第一轮复习——系统复习，查漏补缺。

b. 第二轮复习——重点复习，进行"四问"
（问课本、问工具书、问同学、问老师）。

c. 第三轮复习——解题训练，举一反三。

d. 第四轮复习——背诵自测，把书读薄。

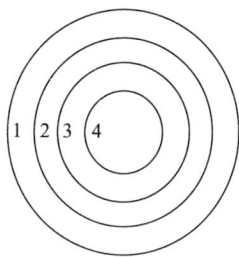

2. 成语竞赛

（1）教师引导：我们的祖先非常重视复习，这从许多成语中可以得到证实，接下来我们来一次成语竞赛。

（2）竞赛规则：教师出示成语词头卡片，学生以小组抢答形式补充完整。要求所填的成语必须与复习有关。抢答正确的，所在小组加 10 分；抢答错误的，所在小组减 10 分。

（3）出示题目（括号中的部分是学生要抢答补充的）。

融（会贯通）　温（故知新）　有（口无心）　死（记硬背）

举（一反三）　提（纲挈领）　锲（而不舍）　不（求甚解）

滚（瓜烂熟）　囫（囵吞枣）　一（知半解）　手（不释卷）

拳（不离手，曲不离口）　　　三（天打鱼，两天晒网）

从以上这些成语中，你一定又学会了新的复习方法。

3. 试做计划

（1）教师引导：掌握了基本的复习方法后，还有一个重要问题是制订计划。复习计划如同行军路线图，你只要严格执行，就一定能到达目的地。

（2）下面是明明考前一周制订的复习计划：（出示课件）

日期		复习科目范围	备注	执行情况
6.18	星期三	1. 英语第×—×课单词		★
		2. 数学第×—×章	加强习题演算	△
		3. 科学第×—×章		★
6.19	星期四	1. 数学第×—×章		★
		2. 语文第×—×课注释、课文	复述与背诵	△
		3. 思品第×—×课		△

日期		复习科目范围	备注	执行情况
6.20	星期五	1. 数学第×—×章		△
		2. 英语第×—×课单词		★
		3. 语文第×—×课	找作文资料	★
6.21	星期六	1. 科学第×—×章	配合模拟试卷	★
		2. 英语第×—×课单词	默写	★
		3. 数学第×—×章		★
6.22	星期日	1. 思品第×—×课		○
		2. 英语第×—×课单词	综合练习	★
		3. 科学第×—×章		○
6.23	星期一	1. 语文第×—×课	综合练习	★
		2. 数学第×—×章		★
		3. 思品第×—×课		★
6.24	星期二	1. 语文第×—×课		○
		2. 科学第×—×章	综合练习	△
		3. 数学第×—×章	综合练习	★

附注：△部分完成，★全部完成，○没完成。

（3）小组讨论：你认为明明制订的这份复习计划有什么优点？有什么不足？

（4）教师点评：复习计划应该因人而异，但大体上要注意以下问题：

考前一周，每科至少复习一遍；

每天检查一遍计划的执行情况，并作记录；

不同学科互相搭配复习，避免同一类型科目复习时间太长，心生厌烦；

星期六、星期日读书时间较长，加重复习分量；

复习时适当搭配模拟测试、练习册等资料，以加强印象。

四、 团体结束阶段： "磨刀不误砍柴工"

1. 播放班得瑞的《金色之翼》

2. 教师小结

听着班得瑞的美妙音乐，放松一下我们绷得过紧的神经。俗话说"磨刀不误砍柴工"，期末复习阶段一定要注意劳逸结合。至于复习方法的选择，一次不见得能考虑得十分完美，大家可结合自己的学习实际情况不断修改、不断完善。总之，复习不是炒冷饭，不是死记硬背，复习要讲策略，用四句话概括，叫做："全盘计划，提纲挈领，查漏补缺，理解记忆。"

活动反思

当前，许多小学六年级学生临近毕业考试时，习惯的做法就是死记硬背、沉浸题海，其结果不仅降低了复习效率，而且对于提高复习技能、完成中小学课程衔接并无益处。其实这一阶段的复习是对小学知识结构的一次总的梳理，教会学生学会复习比多做几道题目更为重要。因此，这节课的重点是在工作阶段的三项活动。第一个活动是"四轮复习法"，这是重头戏，要通过分小组的"头脑风暴"，把每一轮的操作要点讨论透彻，教师对学生意见的点评也要尽可能采用现场生成的意见；第二个活动"成语竞赛"要在抢答结束之后，引导学生说一说对这些成语的理解；第三个活动"试做计划"从操作层面引导学生从实际出发，制订适合自己特点的复习计划，不要追求形式上的"大而全"。

（黑龙江省二龙河子小学　吴四妹）

【活动参考资料】

什么是高效率的背诵

高效率的背诵要遵循以下几个原则。

第一，背诵要利用空闲时间，而不是自习时间来完成。自习时间环顾周围，经常能看到很多同学一边用功地写着什么，一边口中嘟嘟囔囔地努力背诵。但自习时间是可以坐在书桌前同时打开几本书来学习的时间。这种时间不应该用来背诵，而应该摊开习题集、教科书和参考书，扩展自己的学习范围。

要背什么东西，不必非要坐在书桌前。只要把要背的内容整理到小册子上，拿着随时背就可以了。不要坐在书桌前，最好是利用空闲时间来背。你可以边走边背，也可以在往返于学校和家之间的公共汽车上背。我也是把要背的东西另外摘抄到手册上，全都在空闲时间内完成。

第二，当天要背的东西当天背完。要背的东西一旦积累起来，将来会一发不可收。当天上课学习的内容中如果有需要背的东西，我就会把它摘抄到手册上，当天记住。当然到了第二天，记忆会有些模糊，但我并不放在心上。因为我的经验是，背过一遍的东西将来再学习的时候会很容易回想起来。当天要背的东西当天结束，才让我在考试期间只要稍微花点儿时间就能回想起以前学过的内容。

第三，背的时候一定要相信自己能记住。当然，我们的周围有天才，他们只要用眼睛看上一遍，内容就好像拍照一样印在了他们的大脑里。但是，99.99%的人重复记忆却依然记不住。那不是因为缺乏能力，而是因为记忆本身即是如此。

如果你对背诵的内容抱有信心，最终你一定能记住。起初，我也认为自己记不住，但我一直抱着那个信念，最终还是都记住了。那份小小的成功经验给我的学习注入了信心。如果你读读写写100遍还没有记住，那你就下定决心再读读写写100遍，带着这种劲头去挑战，没有什么是记不住的。

第四，和朋友一起背也不错。考试期间，如果我采用和朋友互相轮流提问背诵的方式学习的话，那一门的成绩往往都是100分。一方面有了竞争，另一方面在出题的过程中思考怎样出题才能让对方答不出来，这个过程也有助于自己的背诵。

第五，不用眼睛看，要用手捂着课本想。有的同学下定决心要记住，重复着看了一遍又一遍，但他们中的大部分最终无法记住。我却与他们相反，背的时候，我会先看一遍内容，然后用手捂住课本，试着让自己回想刚才看过的内容。虽然方法简单，但却是最行之有效的。

所谓背诵就是在不看的情况下回想。如果你看着背，那不管你重复多少遍，也不可能背下来。捂住课本回想，碰到想不起来的再看一遍，然后再捂住回想，不停地重复这种工作的过程才是背诵。背诵没有什么特别的诀窍，关键就是看谁能够忍受得了这个枯燥的过程。

第六，背诵不是靠手，而是靠嘴。用手写，外表看上去好像是在努力学习，但其实很多情况下大脑都是不运转的。你的英语单词写了满满一页，但脑子里还是可以胡思乱想。还是动动嘴吧。只用手写大脑是可以"怠工"的，但如果你不停地用嘴嘟囔，大脑就很难停下来休息了。所以，我觉得背诵就应该是用嘴背。不管是编成只有自己才懂的文字，还是编成歌曲，甚至是直接照书背诵，只有这样无休止地动嘴读，才能记得牢。

（朴哲范：《一日学习法——韩国学习大王朴哲范的奇效学习法》）

活动专题 36 | 我能"考前更轻松"（平心）

【活动参考目标】

1. 了解与理解

懂得毕业前的压力不可避免，要合理应对才能使身心不至于太疲惫。

2. 尝试与学会

（1）尝试用呼吸放松、想象放松来缓解自己的压力。

（2）通过同伴互助找到适合自己的放松技巧。

3. 体验与感悟

体验想象放松带来的心情上的宁静。

【活动参考课例】

学会放松
——我能"考前更轻松"

活动准备

"走迷宫"的游戏卡片每人一张；气球若干个；小奖品若干；准备轻松、舒缓的音乐和节奏快的音乐；教师自己事先练习呼吸放松法。

一、 团体热身阶段： 学学 "一指禅"

1. 活动规则

（1）用双手的食指点在自己两侧太阳穴上，先顺时针旋转，再逆时针旋转。

（2）请所有同学起立，原地向右转，排成一行。后面的同学与前面的同学相隔一臂距离左右。

（3）用双手的食指点在前面同学两侧太阳穴上，先顺时针旋转，后逆时针旋转。

（4）所有同学原地向后转，变换角色再做"一指禅"。

2. 引导活动

听从我的口令，做"一指禅"时，动作要不轻不重，速度要不快不慢。

二、 团体转换阶段： "走迷宫" 的压力

1. 游戏："走迷宫"

（1）规则：用铅笔在卡片上"走迷宫"，时间 1 分钟。

（2）学生在节奏快的音乐声中开始做游戏。教师不断提醒时间：20 秒—30 秒—还剩 10 秒。

（3）教师投影出示答案，请走出"迷宫"的同学起立，全班为他们鼓掌。

2. 分享体验

师：做游戏时，你心情怎么样？

生 1：哎呀，来不及了！有时间限制的！

生 2：我很激动，但有多种方法可以走出来。所以既轻松又紧张。

生 3：旁边有老师看着我，走错了很难为情，所以特别紧张。

师：紧张的时候，你当时有什么感觉和反应？

生 3：我发现错了，擦掉，又错了，又擦了。

师：思绪乱了？

生4：手抖，线都画歪了。我想平静下来，但平静不下来。

师：心跳加快，是吧？

生5：我到一个路口，就绕过去，但好像有人推了我一下，就画歪了。

师：事实上没人推你，是你太紧张了吧。

生5：是的。

师：那我们在生活和学习中有没有一遇事情就容易紧张的体会呢？

生6：考试前我会紧张。

师：你有什么感觉和反应？

生6：心跳加速。

生7：考试前我总盼着试卷早点发下来。

生8：我会四肢无力。

师：是考试前，还是考试的时候？

生8：做题目的时候。

生9：考试前复习时，眼花缭乱。

生10：父母给我压力，考不好不让玩电脑。

生11：我妈妈也是老让我复习，说要考好一点，我就觉得有压力。

师：你有压力时会有哪些表现？

生11：我的手会发抖，手心还会出汗。

师：哪些同学会这样？请举手。（很多学生举手）

教师点评：从大家刚才的分享中，不难发现，在平时的学习生活中，也有许多情境会让我们感到紧张。特别是期末大考，无论是考试前的复习，考试的时候，还是考完后老师发卷子讲评，都会使我们紧张。而对付紧张的最好办法就是放松自己，今天我们就来学几种可以帮助我们消除紧张情绪的方法。

三、 团体工作阶段： 一张一弛学放松

1. 呼吸放松训练

（1）放松训练最简单易行的是呼吸放松法。要做到：呼吸要深长而缓慢；用鼻呼吸而不用口；呼吸节奏尽量放慢，加深。

（2）教师指导语。

选择一个自己感觉最舒服的姿势坐好，轻轻闭上双眼。深深地吸一口气，想象一下，这口气慢慢进入你的腹腔并在那里停留一小会儿。随着吸进的空气越来越多，你的腹部慢慢地向外鼓出，直到你再也无法吸入更多的空气。屏住呼吸一会儿，以不感到难受为准。再慢慢地将空气呼出，随着呼出的空气越来越多，你的腹部慢慢地瘪进去，直到尽可能贴近后背部。这样就完成了一次腹式呼吸。如此反复，直到呼吸自如。（练习3分钟左右）

（3）分享体验：当你集中精力于自己的腹部，慢慢做深呼吸的时候，你有什么感觉？

（4）提示：考前两周，每天早晚躺在床上做10分钟左右的呼吸放松，能有效地改善你的紧张状态。

2. 想象放松训练 I——"创建心灵花园"

以最舒服的姿势，把全部精力投入到练习的过程中。（准备音乐、笔、纸）

闭上眼睛，深呼吸5次，每次吸气5秒，等待5秒，然后缓缓将气送出。呼……吸……注意，呼……吸……呼……吸……

想象你走进电梯，关上电梯门，按下最底层的按钮。想象你正在下降到意识的最底层。电梯门打开的时候，你看见门外是一座美丽而神秘的花园。花园里有树木、花草和鸟。天空是什么颜色？是一望无际的蔚蓝还是点缀着白云？体会微风拂面的感觉。你身上穿的是什么样的衣服？是你最喜欢的衣服吗？想象你处在自己最美丽、最光彩照人的状态。脱下鞋子，体会光脚踩在地上的感觉。脚下是柔软的草地，还是细腻的沙地？是干燥的还是湿润的？你面前是否有一条石砌的小径？周围是否有瀑布和雕塑？有动物吗？花一分钟时间仔细欣赏你心灵的花园！在花园中间想象出一个神圣的席位，花一分钟体会坐在这里的感觉，告诉自己以后会常来！

3. 想象放松训练 II——画出你心中的"小黑"

（1）指导语。

这时你发现有一只小狗，我们叫它小黑。你似乎在哪儿见过它，有那么一点点熟悉，又有那么一点点陌生。你蹲下身来，静静地看着它。哦，是的，它是你的。它是你的担心、你的烦恼、你的焦虑和不安，它会时不时地出来捣乱一下。来，你好好地看看它，它长什么模样，你可以把手放上去，轻轻地抚摸它。听听它叫的声音，想想它曾经是如何打扰你的生活。你轻轻地抚摸着它的头、背，轻轻抓抓它的耳朵。现在你可以看到它安安静静地趴在你面前，用黑色的亮亮的眼睛望着你。原来不捣乱的时候它是这样一种柔柔的感觉，你开始有点喜欢它了，甚至它捣乱的时候也不会讨厌它了。

（2）好，我数5、4、3、2、1，慢慢睁开你的眼睛，带着想象中的"小黑"，我们从花园回来。让我们画一画"小黑"的样子，越详细越好！

（3）在小组里交流一下你心中经常让你不安的"小黑"的表现。

（4）教师点评：心中的压力就像家里那只调皮的"小黑"一样，我们要学会安抚它，和它好好相处，这样，"小黑"渐渐也会变得听话。而且晚上外出散步的时候，有"小黑"在前面指引着我们，说不定我们还能走得更远一些呢！

4. 大战前需要平静

（1）教师引导：还有半个多月就要毕业考试了，如果你心里还有些紧张和压力的话，那么你打算用什么方法来放松你自己呢？

（2）小组交流，部分学生主动和老师交流。

（3）全班分享。把我们的好办法推荐给别人，好不好？

生1：考前先喝饮料再睡觉。

生2：认真复习，考出好成绩，自己有成就感，老师也会鼓励你。

师：你的意思是，要做好充分准备？

生2：对。

生3：复习到位了，就可以看看电视，打打游戏，稍微轻松一下。

生4：我把这次考试当做小考，就不紧张了。

师：有一颗平常心，当做是自己给自己出的练习卷是吧？

生4：是。

生5：考试前玩一下，不要太紧张，用平常心对待。

生6：考前做做深呼吸，和同学一起深呼吸可以减轻压力。

生7：先好好复习，睡觉时想一些开心的事，比如，考得好能得到什么奖励。

生8：他的方法不对，晚上不应该想奖励的，那样反倒睡不着了！

师：每个人的方法不同，适合你的，不一定适合他。所以我们要选择适合自己的方法来放松自己。

四、 团体结束阶段： 自信才能真放松

1. 练练"鹰爪功"和"铁砂掌"

（1）两人一组，同方向站立，保持约一臂距离。放松心态，凝神静气。请站在后面的同学伸出双手呈"鹰爪"状，抓住前面同学的双肩，指尖用力，按摩前面同学的双肩，注意力度要适中。然后同时转身，交换角色。

（2）再同时转身，后面同学伸出两掌，掌心向前，拍打前面同学的背部，力度要适中。约1分钟后，同时转身，交换角色，也做1分钟。

2. 教师小结

今天我们的课虽然结束了，但同学们几乎天天在一起，当自己觉得很紧张的时候也可以向同学求助。最后想给大家推荐我的方法，每当我遇到压力的时候，让我自己放松的就是一句话——"我相信我能行！"

活动反思

整个活动过程中，在音乐和教师指导语的暗示下，学生渐渐进入了自己的"心灵花园"，在心灵的漫步中感受到了放松，认识内心所需的东西。训练时，大多数学生能进入状态，去学、去体验，去感受放松的感觉；但也有一小部分学生睁着眼睛，说笑着，游离在团队之外，感觉突兀。因此，如何让每一位同学更好地投入参与、体会感受，是需要教师在以后的类似活动中改进提高的。

在心育活动课上，我们不主张教师动不动就让学生闭上眼睛"放松"或"冥想"，但在重大考试到来之前，用专门的时间集中训练学生学会"放松"心情，却是十分必要的。

（浙江省杭州市大成实验学校　陈文娟

浙江省杭州市惠兴学校　罗国兰）

缓解压力的七条策略

　　面对压力最好的解决办法不是避免压力的发生，而是直面压力的存在，学会缓解和疏导它。可以尝试以下七条策略。

　　第一，调整你的身体和情绪。我们中的很多人都被教会否认情绪上或身体上的症状，以及忽略业已存在的压力。注意你的身体及其反应，实际上压力的确会造成身体上的症状。你有过由压力引起的身体症状吗？比如，经常性的头痛。你有没有觉得很难让自己得到放松？你有没有感到心情沮丧、忧郁或脾气暴躁？你要对自己的各种情绪状态持一种宽容的态度，还要学会可以帮助自己走出低谷的策略。你可以设定一个时间期限："我承认自己今天有点不知所措或者情绪低落。我会花上几个小时来体会这些情绪，然后尽可能地让自己感觉好一些。"记住，你有能力改变那些消极的、伤心的想法，并逐步养成一种积极正确的习惯。

　　第二，定期锻炼。专家指出，体育锻炼是缓解压力、放松肌肉和保持健康的最佳途径之一。大多数人在定期锻炼的情况下精力会更加充沛。或许最好的方法就是让锻炼成为生活中的日常习惯和头等大事。

　　第三，休整和恢复你的身心。任何人都需要休息，不仅是通过睡眠，而且要进行深度的放松。缺少哪一项都会导致脾气暴躁、忧郁、无法集中精力和记忆衰退。瑜伽是一种可以舒展和放松肌肉、集中精力的奇异方法。很多人发现沉思对于放松和充电来说很重要。你不必刻意进行某种形式的沉思，只要留出一点时间给自己自由地休整和安静一下。有些人发现按摩也能缓解心理和生理上的紧张。自由想象是另一种可以放松身体的有力技巧。

　　第四，培养业余爱好和兴趣。业余爱好可以帮助你缓解压力。体育、绘画、编辑、阅读和收集瓶瓶罐罐，都会为你的生活带来乐趣和意义。很多人都从平时培养出的对环境、老人、政治、孩子、动物或无家可归者的关怀中获得了满足感和使精力集中。你也可以在自己周围寻找充当志愿者的机会。

　　第五，运用呼吸法。深呼吸能够缓解压力并给身体充电。如果你的呼吸方式和大多数人一样，那你的呼吸就会变得短促，特别是在有压力的时候。坐直或站直了，用鼻子呼吸，让肺里吸满气，收缩你的腹部，然后缓慢而充分地呼气。留意一句话、一个声音或你的呼吸，花十分钟时间把你的全副精神都集中在上面。你可以在一天中的任何时间以各种方式来做这样的深呼吸，即使你无法找到一个安静的环境。

第六，建立一个支持系统。家庭和朋友的支持和安慰能够帮助你清醒头脑、理清困惑并做出更好的决断。向你信赖的人表达你的情绪、担忧和问题。很多支持性的群体都可以帮助你应对压力。有着类似经历和目标的人群会给你以安全感、个人的感应感和相关的动力。

第七，小憩一下。下次你在排队等待的时候，可以拿出一本小说来享受一下阅读的乐趣。深呼吸、转转头颈，想象一下疲劳和紧张正从你的身体里飘走。学习的时候可以定时站起来伸伸懒腰。小憩一下可以帮助你放松并拓展你的创造力。

（费里特：《追求卓越——大学生成功秘诀》）

参考书目

［1］贝内特. 青少年美德书［M］. 刘旭，译. 海口：海南出版社，2002.

［2］本尼斯. 透明［M］. 北京：中信出版社，2009.

［3］博赞. 快速阅读［M］. 丁叶然，译. 北京：中信出版社，2009.

［4］狄维士. 美国的故事——健全人格的 21 种要素［M］. 上海：上海人民出版社，2002.

［5］Erwin. 成长的秘密：儿童期到青少年期的友谊发展［M］. 黄牧仁，译. 南京：凤凰出版传媒集团，江苏教育出版社，2010.

［6］费里特. 追求卓越［M］. 北京：中国人民大学出版社，2009.

［7］国际教育基金会. 培养心情与人格［M］. 北京：北京大学出版社，2005.

［8］肯里克，等. 自我·群体·社会：进入西奥迪尼的社会心理学课堂［M］. 谢晓非，译. 北京：中国人民大学出版社，2011.

［9］莱希. 心理学导论［M］. 吴庆麟，译. 上海：上海人民出版社，2010.

［10］莉托. 性格解析［M］. 查文宏，译. 南昌：江西人民出版社，2009.

［11］李萍，等. 网络与孩子教育——献给中国所有的父母与孩子［M］. 上海：上海教育出版社，2006.

［12］利科纳. 培养品格：让孩子呈现最好的一面［M］. 施李华，译. 北京：中国社会科学出版社，2005.

［13］刘希平. 学会思维［M］. 天津：百花文艺出版社，2009.

［14］刘易斯. 榜样：青少年品格塑造指南［M］. 王建中，等，译. 西安：陕西师范大学出版社，2010.

［15］麦凯，等. 人际沟通技巧［M］. 郑乐平，译. 上海：上海社会科学院出版社，2005.

［16］毛光民，毛富强. 观察是起点［M］. 天津：百花文艺出版社，2009.

［17］南博. 记忆术——心理学发现的 20 种记忆妙法［M］. 宋金明，译. 北京：中国青年出版社，1996.

［18］牛顿. 活在当下［M］. 王振洪，译. 沈阳：北方联合出版传媒（集团）股份有

限公司，万卷出版公司，2009.

　　［19］纽顿. 快乐心理学［M］. 章岩，译. 重庆：重庆出版集团，2010.

　　［20］朴哲范. 一日学习法［M］. 鲁可，译. 桂林：漓江出版社，2010.

　　［21］赛叶. 你，需要自信［M］. 王瑞，译. 沈阳：北方联合出版传媒（集团）股份有限公司，万卷出版公司，2009.

　　［22］桑特洛克（John W. Santrack）儿童发展［M］. 桑标，等，译. 上海：上海人民出版社，2009.

　　［23］斯普伦格. 脑的学习与记忆［M］. 北京师范大学脑科学与教育应用研究中心，译. 北京：中国轻工业出版社，2005.

　　［24］斯普伦格. 教会学生记忆［M］. 刘红梅，等，译. 北京：教育科学出版社，2008.

　　［25］斯滕伯格. 青春期：青少年的心理发展和健康成长［M］. 戴俊毅，译. 上海：上海社会科学院出版社，2007.

　　［26］苏霍姆林斯基. 怎样培养真正的人［M］. 蔡汀，译. 北京：教育科学出版社，1992.

　　［27］塔夫里斯，等. 谁会认错［M］. 上海：华东师范大学出版社，2008.

　　［28］谭湘. 改变一生的32种思维方法［M］. 北京：中国纺织出版社，2010.

　　［29］韦特利. 成功心理学——发现工作和生活的意义［M］. 刘森林，译. 北京：中国人民大学出版社，2009.

　　［30］Wolfe. 脑的功能——将研究结果应用于课堂实践［M］. 北京师范大学"认知神经科学与学习"国家重点实验室脑科学与教育应用研究中心，译。北京：中国轻工业出版社，2005.

　　［31］张积家. 普通心理学［M］. 广州：广东高等教育出版社，2004.

　　［32］钟志农. 心理健康教育课教师指导手册（小学分册）［M］. 杭州：浙江科学技术出版社，2002.

　　［33］钟宗奎. 儿童社会化［M］. 武汉：湖北少年儿童出版社，1995.

　　［34］周耀烈. 思维之窗［M］. 杭州：浙江大学出版社，2001.

后　记

《班主任心育活动设计36例（小学4~6年级卷）》终于杀青了。

回顾这几个月，实在是感慨万千！其工作难度之大，完全超出了我的预想。正如我在总序中所说的，由于这些年来，在心育活动课的主题选择上，有一些学生发展的实际需要和学校面临的实际问题被严重地淡化，甚至忽略了，因此，收入本书中的心育活动课例，有一半以上的专题都属于全新的构想与设置。也就是说，在以往十几年的心育活动课中，这些专题从来没有被提及过，没有先例可循，没有成文的活动设计可供参考。所以，我特地邀请了一些有志于探索发展性心育活动课规律的学校领导和老师来做这样一件应该说是具有"开创性"的工作，从头开始，从零开始。

特别感谢浙江省嘉兴市南湖国际实验学校的领导和有关的几十位老师；特别感谢杭州市西湖教育集团的领导和有关的几十位老师；特别感谢宁波市江东区教研室的领导、教研员和他们组织的十几名骨干心理教师。由于这三个单位的领导亲自挂帅、具体组织、认真督促和严格把关，才使得这些新开辟的活动专题几经周折终于圆满地呈现在我们的面前。令我深受感动的是，这些学校的老师们所设计的绝大多数活动方案，都在学生中多次试教，接受实践的检验，并多次进行反思和修改。他们以认真负责的态度，践行了积极心理学中的"性格力量"和"美德标准"。

参与本丛书心育活动设计的作者，分布于全国各地中小学，其中以浙江省内的教师居多。这290多位作者当中，绝大多数与我有过各种接触，他们开出的心育活动课，或者是我去听过、点评过的，或者是我直接参与了设计方案的修改、指导工作。在这个过程中，我与他们当中的很多人成了好朋友、忘年交。应该说，这套丛书的出版，凝聚着这样一支学校心育骨干团队的集体智慧和心血汗水，我对他们的辛勤工作充满敬意和无尽的感激！

特别是本丛书在出版过程中遇到了一些运作技术上的具体困难，致使原来设想的"一题多案"的架构难以实现，而被迫"瘦身"，执行"一题一案"的新架构。这样，就要忍痛割爱数十篇设计，只保留了这些设计中的部分"倩影"和作者的姓名。这件事让我很矛盾、很纠结，几个夜晚都难以入睡，苦苦思索解决问题的可行途径。我内心对这些作者充满了歉疚，但是当我向部分作者谈起这个难以两全的苦恼问题时，却得到了这些一线老师的理解和宽容。为了成全我们共同的梦想，他们收起了心中的遗憾，没有半句抱怨，这使我再次涌上一种难以言表的感恩之情，并将这种感恩深藏心底。

在这里，我以满怀敬仰的心情，衷心感谢我国著名的心理学家、国际心理科学联合会副主席、中国心理学会原理事长、中国科学院心理研究所原所长、教授、博士生导师张侃先生。他在繁忙的学术研究与公务当中，抽时间亲自为本丛书写了推荐序，这是对我们中小学心理健康教育工作的极大关怀，也是对我们中小学心理教师坚持开好心育活动课的极大鼓舞！

本丛书在编写过程中，得到了各地教育行政部门、科研部门、基层学校的诸多领导、同行的大力支持，在此也要向他们致以崇高的敬意和衷心的感谢。

本丛书能顺利付梓，还要特别感谢源创图书策划人吴法源先生，没有他的远见、创意、魄力和督促、包容，本丛书或许还只是笔者脑子里盘旋的几个概念与符号。

由于成书时间仓促，加之本人的水平有限，书中的谬误、缺憾都在所难免，诚恳地期待各位专家、同道的批评指正。

钟志农
2011 年 11 月 15 日于钱塘江畔

出　版　人　所广一
责任编辑　池春燕
装帧设计　未了工作室
责任校对　张　珍
责任印制　叶小峰

图书在版编目（CIP）数据

班主任心育活动设计 36 例. 小学 4～6 年级卷／钟
志农主编. —北京：教育科学出版社，2012.2（2023.12 重印）
（班主任心育活动设计丛书）
ISBN 978－7－5041－6248－9

Ⅰ.①班… Ⅱ.①钟… Ⅲ.①心理健康—健康
教育—课程设计—小学 Ⅳ.① G479

中国版本图书馆 CIP 数据核字（2011）第 282758 号

班主任心育活动设计丛书
班主任心育活动设计36例（小学4～6年级卷）
BANZHUREN XINYU HUODONG SHEJI 36 LI

出 版 发 行	教育科学出版社				
社　　　址	北京·朝阳区安慧北里安园甲 9 号		邮　　编	100101	
总编室电话	010－64981290		编辑部电话	010－64989593	
出版部电话	010－64989487		市场部电话	010－64989009	
传　　　真	010－64891796		网　　址	http://www.esph.com.cn	
经　　　销	各地新华书店				
印　　　刷	运河（唐山）印务有限公司				
开　　　本	720 毫米 × 1020 毫米　1/16		版　　次	2012 年 2 月第 1 版	
印　　　张	16		印　　次	2023 年 12 月第 15 次印刷	
字　　　数	250 千		定　　价	49.80 元	